RABENVATER

*Meinem Patenkind Anselma mit allen guten Wünschen
für den eigenen Weg*

Jörn Weinert

Rabenvater

Aus dem Leben eines Ortsbürgermeisters

mitteldeutscher verlag

Stiftung der ehemaligen
Kreissparkasse Bernburg
für die Region Schönebeck und Bernburg

Bibliografische Information der Deutschen Nationalbibliothek
Die Deutsche Nationalbibliothek verzeichnet diese Publikation in der Deutschen Nationalbibliografie; detaillierte bibliografische Daten sind im Internet über http://dnb.dnb.de abrufbar.

1. Auflage

www.mitteldeutscherverlag.de

Gesamtherstellung: Mitteldeutscher Verlag, Halle (Saale)
Umschlagabbildungen: bioraven – shutterstock.com
Satz: Tiesled Satz & Service, Köln

ISBN 978-3-96311-873-9

Printed in the EU

Inhalt

Die Verwaltungsbeamten haben ihre Richtlinien nur regelmäßig verändert. Es kommt aber darauf an, sie zu interpretieren.

Vorwort

Manchmal können Eltern nur noch hinterherschleichen, zweihundert Meter bis zum „Konsum".

Im Blick ein stolzes Kind, das einen gigantischen Korb schwingt und allen Nachbarn mitteilt: „Ich geh das erste Mal alleine einkaufen!"

Anerkennung aus allen Fenstern. Kurzes Innehalten am kaputten Traktor, anstrengendes Flitzen am Jägerzaun, hinter dem die schwarze Dogge knurrt.

Zwei Stufen noch zur offenen Tür, endlich da: „Ich geh das erste Mal alleine einkaufen!"

Und dort steht sie. Oder ruht sie? Als wäre in den letzten vierzig Jahren nichts geschehen. Freundlich, stabil, klar in der Ansage.

„Na, was möchtest du!?"

„Sechs Brötchen, bitte".

„Hab ich aber leider nur noch vier."

„Dann warte ich."

Also wird der riesige Backofen angeworfen, und während das Kind sich bunte Zeitungen anschaut, wird es Zeuge dessen, was man „Dorfgespräch" nennt und erfährt, ob jemand gestorben ist oder schwanger und wer in Kürze sterben wird.

So geht das jeden Samstag, mit dem Laufrad, mit dem ersten Fahrrad, mit dem Brüderchen im Kinderwagen oder in der Schubkarre, eingeparkt neben dem Rollator. Die erste große Brause auf dem Heimweg von der Kinderfeuerwehr, das erste Taschengeld investiert in Kartoffelchips für alle. Jedes Mal ein Erlebnis. Nun geht sie in Rente.

Wir werden oft an ihren und unseren „Konsum" zurückdenken, der zum Schluss nur noch geöffnet hatte, weil ihr Mann da war und das Heizen und Holzsägen übernahm.

Und während nun also auch der Ortsbürgermeister ohne ein Wort irgendwo einkauft, fällt ihm ein, wie sich die kleine Welt doch ändert, in der sein Großvater an jedem Junimorgen den dicken Hof-Kater in einer Holzkiste den Kirschbaum hinaufzog, um die Stare zu vertreiben.

„To*d* sind nur die Vergessenen!“

Die Vertreterin einer wichtigen Fraktion lässt es gleich zu Beginn der Ortschaftsratssitzung krachen. Tenor: Während andere in ihrer Rundum-Versorgungswelt schwelgen, haben wir keine Möglichkeit der anonymen Bestattung. „Wer in diesem Dorf stirbt, hat Pech!“

Überdies konnte der Pfarrer sich seit Jahrhunderten in einem separaten Raum umziehen. Bei der jetzigen Sanierung der Trauerhalle kann der Pfarrer sehen, wo er bleibt – zum Beispiel hinter einem vertrockneten Baum. Zudem knallt man bei der schmalen Baustellenzufahrt mit dem Sarg gegen die Tür.

Der Ortsbürgermeister legt dar, dass wir den Leuten gern auch gemeinsam vorschlagen können, während der Baumaßnahmen nicht zu sterben und der Kommune nach sechs Jahren Debatte im Stadtrat 30.000 Euro Planungskosten und 32.000 Euro Baukosten zurückgeben.

Es ist in diesen Zeiten überhaupt ein Lichtblick, dass beim Neubau lediglich der Umkleideraum eines Friedhofgebäudes wegrationalisiert wird, dessen Zustand übrigens schon seit mindestens zwanzig Jahren auch ohne Todesfall Trauer hervorrief. Winterliche Luftzufuhr aus Rissen im Mauerwerk und flackernde Glühbirnen bei Beerdigungen bleiben unvergessen. Die trauernde Gemeinde wird daher gebeten, sich zu Hause umzuziehen – und die Verwaltung um eine moderne und weltoffene Friedhofskultur im ländlichen Raum, das heißt nicht hinter dem Mond und führt zur schnellstmöglichen Anlage einer „Grünen Wiese“.

Sechs Monate später stellt dieselbe engagierte Ortschaftsrätin den Antrag, überprüfen zu lassen, ob die Bestattung auf der „Grünen Wiese" auch tatsächlich anonym ist. Der Gemeindearbeiter Peter E. hätte bereits mehreren Bekannten und entfernten Verwandten Tipps gegeben, wo die Urnen liegen. An diesen Stellen würden mittlerweile sogar Blumen niedergelegt. Auch würde die Friedhofstür immer offen stehen, weshalb die Hühner der Nachbarschaft die Grüne Wiese als Futterplatz benutzen. Die Urne von Anneliese S. hätten sie bereits freigekratzt.

Der Ortsbürgermeister legt in Ruhe dar, dass er dem Gemeindearbeiter Peter E. bei der Urnenbeisetzung nicht die Augen verbinden wird. Allerdings wird das Gespräch gesucht. Alle Blumen können gern zentral auf der Grünen Wiese abgelegt werden. Für diesen Zweck könnte die Freiwillige Feuerwehr mal einen Findling vom Kieswerk holen. Alle werden um Vorschläge für eine Inschrift gebeten.

Die Ortschaftsrätin hat mit so was schon gerechnet, denn es ist längst überfällig. Sie hat das auch schon mal irgendwo gesehen und übergibt sogleich eine Skizze des Steins mit dem Spruch „Tod sind nur die Vergessenen!"

Der Ortsbürgermeister äußert sich, nachdem er zehn Sekunden innerlich Mozart gelauscht hat, zur Vermeidung einer revolutionären Situation sowie als Demokrat und möchte nicht besserwisserisch wirken. Er betont daher, sich selbst auch nicht so genau auszukennen, aber vielleicht wäre es dennoch gut, zumindest die vorgeschlagene Rechtschreibung von „Tod sind nur die Vergessenen!" noch einmal überprüfen zu lassen. So könnte man „Tod" in diesem Fall vielleicht auch mit „t" am Ende schreiben. Die glücklicherweise für Entspannung und das Protokoll zuständige Mitarbeiterin der Stadtverwaltung übernimmt diese Aufgabe sehr gern und freut sich über so viel Engagement im Friedhofsbereich.

In Rekordzeit, das heißt übernächsten Freitag, teilt sie per E-Mail mit, dass seitens der Kommune die Richtigkeit der Formulierung

„Tod sind nur die Vergessenen!" bestätigt und der Steinmetz bereits beauftragt wurde.

In dieser Situation haben die qualmenden Autoreifen des Ortsbürgermeisters kein Profil mehr, da er den Steinmetz telefonisch leider nicht erreicht. Es gelingt dennoch, ihm den Hammer rechtzeitig wegzunehmen und mit ihm ein Bier der Region zu trinken. Das Projekt „Tod sind nur die Vergessenen!" wird, weil niemand gekränkt werden soll, bis auf weiteres vergessen.

Bei der Betrachtung des Baufortschritts der Trauerhalle erinnert sich der Ortsbürgermeister daran, dass er hier auf den Tag genau vor drei Jahren am Grab seiner Nachbarin Eugenia stand. Sie selbst hat wohl erst spät geahnt, dass man sie – geboren und aufgewachsen in Krakau – einmal in diesem Dorf beisetzen würde, in dem sie die letzten Jahre mit ihren Enkelinnen verbrachte, und das mit seinen Hecken in Burgzinnenform, dem zu Weihnachten besuchten Altenheim und werdenden Müttern in Latzhosen auf sie deutscher nicht hätte wirken können.

Nun standen ihre Verwandten und Freunde versammelt um einen blumengeschmückten Sarg und lauschten den Worten des jungen, noch rechtzeitig gefundenen katholischen Priesters, der Stationen im Leben der Eugenia in Erinnerung brachte.

Mit 15 aus Krakau von der Straße verschleppt zur Zwangsarbeit, nach Bremen in die Rüstung, über 200 Tage ohne Kontakt zur Familie, ohne zu wissen, ob der andere lebt. Weitere zwei Jahre, die die schönsten im Leben hätten sein können, wie sie selbst nicht selten mit Wehmut gesagt hat, in ständiger Todesangst, in brutaler Schichtarbeit, wegen eines heimlichen Kinobesuches als Sechzehnjährige beinahe umgebracht und ohne gleiches Recht auf den Luftschutzkeller wie die Deutschen.

Wie viele Tote wird sie gesehen haben, in dieser Zeit und nach dem Ende des Grauens als Überlebende auf dem Weg zurück.

Als sie heimkam, hat die Mutter sie nicht erkannt. Nicht nur, weil sie gezeichnet war, sondern weil die Mutter niemanden mehr erkannte und das Haus bis zu ihrem Tod nicht ein einziges Mal mehr verlassen hat, aus Angst.

In die Trümmer Stettins, das in jenen Tagen unglaublicher und doch wahrer Geschichten Szczecin wurde, hat es Eugenia wenig später verschlagen. Fast 60 Jahre hat sie dort gelebt, bevor sie zu uns kam. Dass die Tochter, die sie zur Welt brachte, – wie der junge Priester meinte – später „ausgerechnet“ einen Deutschen heiratete, hat Eugenia nie gestört. Nie hat sie über „die Deutschen“ ein böses Wort verloren, obwohl sie bis zum Schluss außerhalb unseres Dorfes so getan hat, als würde sie kein Deutsch verstehen und sprechen können. Nur manchmal, wenn Erinnerungen sie einholten, fielen auch im Krankenhaus im Redeschwall Beschimpfungen, die sie im Lager gehört hatte.

An diesem hellen Nachmittag im Spätsommer standen sie also beisammen, die Kinder und Enkel, Nichten und Neffen, Freunde und Nachbarn aus Polen und Deutschland, und hörten noch einmal die Geschichte der Eugenia. Ältere Bekannte, die bis 1945 in Posen gelebt und in der Schule zwischen den Weltkriegen noch Polnisch gelernt hatten, haben, als der Priester über die „Opfer deutscher Aggression“ sprach, den angereisten Polen leise übersetzt. Abends auf der Trauerfeier herrschte Einigkeit unter den fünfzehnjährigen Damen beider Nationen, wie schade es doch sei, dass man diesen hübschen und klugen Priester verloren geben müsse.

Und so liegt Eugenia nun auf unserem Friedhof neben einer fast fertigen Trauerhalle und neben ihrer Nachbarin Margarete, die wir auch alle kannten. Die kurz vor Kriegsende im Schneesturm über das gefrorene Oderhaff lief und noch im hohen Alter immer wieder erzählte, wie vor ihr, mitten in den langen Zug der Flüchtlinge, Kugeln einschlugen, einmal eine Handbreit vom Baby entfernt, das sie im Arm hielt – die den Verlust ihrer geliebten Stadt Stettin nie verwunden hat und nie ein schlechtes Wort verlor über „die Polen“.

Einleitende Ideen zu einer Philosophie der Geschichte des ländlichen Raumes unter besonderer Berücksichtigung unseres Schlachtfestes

Lebenswichtig für jeden Ortsbürgermeister ist zuallererst die Beschäftigung mit der Dorfgeschichte und insbesondere mit gegenwärtig gepflegten oder erst seit kurzem wegen der schlechten Finanzlage oder Artikel 1 des Grundgesetzes nicht mehr gepflegten Bräuchen. Diese helfen dabei, das Wort „Heimat" zu definieren und schaffen Geborgenheit. Wie schön das sein kann, weiß jedes Kind, das zum Beispiel Weihnachten oder ein Schlachtfest mitgemacht hat. Jedes Mal ein Erlebnis, das man so schnell nicht vergisst. Wenn die Verwandtschaft dazu versammelt wird, ähneln bereits diese beiden Festlichkeiten einander in ihrem Grundcharakter sowie fast allen anderen Feierlichkeiten im Dorf und haben zum Beispiel die Gemeinsamkeit, dass das Kind in jedem Fall den alten Überlieferungen der zwischen Schwiegermutter und Mutter umstrittenen Zubereitung bestimmter Haustiere, Richtigstellungen zu Einzelheiten des Ersten Weltkriegs sowie Diskussionen der Straßenausbausatzung zu lauschen hat.

Allerdings gab und gibt es auch genügend Merkmale, die jedes einzelne Fest auszeichnen. Für das hiesige Schlachtfest ist zum Beispiel die schöne Tradition des „Wurstsingens" charakteristisch und üblich, dass Kinder, die man bis vor kurzem noch liebevoll „Worschtkinder" nannte, mit Blecheimern ausgestattet werden und ihnen für inhaltsreiche Reime – wie zum Beispiel „Ich bin so krank an meine Brust und esse gerne Leberwurst." – ein sogenanntes Schlachte-Paket sowie die beliebte „Worschtsuppe" überreicht. Dankesworte für diese oftmals reichlichen und gehaltvollen Gaben klingen für Außenstehende schon mal wie Drohungen, denn es heißt seit Menschengedenken „Worscht wedder Worscht“, womit man seine Bereitschaft erklärt, nach dem eigenen Schlachtfest dem Nachbarn ebenfalls etwas abzugeben. Dass übrigens aus den Kindern, die mit einer solchen Schwerpunktsetzung in das örtliche Brauchtum hineinwachsen, durchaus etwas werden kann, zeigt die vom Ortsbürgermeister privat geführte dörfliche Berufswahl-Statistik der vergangenen fünf Jahre: eine Psychotherapeutin, ein Neurologe, eine Fleischfachverkäuferin und ein Berufsoffizier.

Einige weitere für das örtliche Brauchtum typische Ereignisse gelten als besonders wichtig, ja geradezu als Wegmarken des irdischen Daseins. Es handelt sich um Osterfeuer, Liebe, Ringreiten, Tod, Heirat und Geburt. Den damit verbundenen, teilweise schönen Ritualen sind die im Folgenden immer mal wieder eingestreuten Darlegungen unter Beachtung des Jugendschutzes gewidmet.

Osterfeuer. Ach wie gut, dass niemand weiß …

Bis vor wenigen Jahren versammelten sich Familien mit Kindern am Ostersamstag vor einem riesigen Haufen ausgedienter Trecker-Reifen, der Punkt 19:45 Uhr mit Unmengen Benzin übergossen und unter dickschwarzem Qualm abgefackelt wurde.

Man bezeichnete dies als „Osterfeuer". Pärchen standen dann Hand in Hand und blickten verträumt in die Schwaden. Wer husten musste, galt als schwächlich, und es war eine Frage der Ehre und ein großer Triumph, wenn man ein Feuer hatte, dessen Qualm schwärzer und somit besser zu sehen war als das Feuer der Nachbardörfer. Seit der Beseitigung der Hinterlassenschaften Landwirtschaftlicher Produktionsgenossenschaften und der Gründung unserer sparsamen und wirtschaftlichen Agrargenossenschaft sind Trecker-Reifen im Feuer seltener geworden. Aber noch immer herrscht die Tradition des Wetteiferns um das größte und sichtbarste Feuer. Es besteht nun überwiegend aus Totholz. Abgebrannt wird es traditionell circa 20 Meter entfernt von der Tischlerei am Endpunkt einer eng bebauten Straße unter Mitwirkung der Freiwilligen Feuerwehr. Aufgrund des Kaminsog-Effekts zieht der Qualm über die Wäscheplätze der Neuzugezogenen in den Ort hinein und haftet in allen Fensterritzen. Die am Ostersamstag gespürte Aura des Osterfeuers schwebt daher noch wochenlang über allem.

Wohl schon seit der mythischen und heidnischen Phase, die hierzulande offiziell vor etwa 1200 Jahren, inoffiziell aber niemals endete, gibt es eine einzige logische Möglichkeit, das Dorf mit dem größten Feuer zu werden. Diese wird traditionell im rechtzeitigen Niederbrennen der Holzhaufen benachbarter und für wenige Tage verfeindeter Dörfer gesehen. Da es auch den Altvorderen peinlich ist, wenn ihr mühsam errichtetes Holzgeflecht kurz vor dem eigentlichen Brand-Termin in Flammen aufgeht, und weil sogar das Ordnungsamt die geduldeten „Brauchtumsfeuer" nicht abschaffen kann, tolerieren sie alle die wohl wichtigste Gruppenbildung in dieser Jahreszeit. Dabei handelt es sich um die sogenannte Osterfeuer-Wache. Sie wird gebildet aus der Dorfjugend, jugendlich gebliebenen Einwohnern und Überläufern. Die Hauptaufgabe der Osterfeuer-Wache ist es, die Vernichtung des eigenen Holzstapels vor dem offiziellen Termin zu verhindern, damit wir nicht mit leeren Händen dastehen und ihn selbst in Brand stecken können. Spätestens in der Woche vor Ostern entwickelt sich daher rund um den Platz bei der Tischlerei ein besonderer Randbezirk mit Zelten, gigantischen Musikboxen und eigenen Gesetzen. Nur hin und wieder schaut der Ortsbürgermeister gemeinsam mit zwei Familienvätern nachts überraschend vorbei und sorgt für Freude und ein wenig Verpflegung der jungen Engagierten. Die ersten zarten Beziehungen müssen Streitigkeiten über Abwasch und Mülltrennung aushalten, teilweise gibt es Blessuren, aber das alles erscheint unwesentlich und ist nichts gegen den Spaß und die verteidigte Dorf-Ehre. Nach mindestens vier schlaflosen Nächten, die sich dank verständnisvoller Lehrer tagsüber in der Schule nicht auswirken, endet die Osterfeuer-Wache pünktlich in der Nacht von Karfreitag auf Ostersamstag früh um drei. Wer müde ist, geht nach Hause und schläft in seinem eigenen warmen und weichen Bett bis halb fünf, wenn in der Regel unser Holzhaufen durch Jugendliche aus dem Nachbarort bereits in Brand gesteckt worden ist. Sodann lässt die Freiwillige Feuerwehr alles kontrolliert abbrennen und es sich auf dem Rückweg nicht nehmen, mit Blaulicht und Martinshorn noch ein paar Runden durch den Ort zu drehen. Die Gemeinde beziehungsweise Gemeindearbeiter Peter E. hat auf dem Bauhof glücklicherweise immer noch Material für ein kleines Ersatzfeuer aufgehoben. Dieses wird am Vormittag von den

Großeltern und Eltern der Osterfeuer-Wache mit technischer Unterstützung der Agrargenossenschaft neu und noch schöner errichtet.

Einmal hat die Frauengruppe es den Brandstiftern aus dem Nachbardorf übrigens heimgezahlt, indem sie das Gerücht verbreitete, in deren Holzstapel wären Gasflaschen. Die da drüben erlebten dann, wie vergänglich der Ruhm dieser Welt ist, und durften ihr ‚Osterfeuer' am Ostersamstag mit Tränen in den Augen unter Polizeischutz und in Begleitung des Umweltamts mal selbst auseinandernehmen.

Abends, wenn die Flammen züngeln und die Strohpuppe verglüht, welche den bösen Winter symbolisiert, erwirtschaftet die Freiwillige Feuerwehr durch den halblegalen Verkauf von Würstchen und „Kümmerlingen" traditionell um die 150 Euro. Die eine Hälfte bekommt die Kinderfeuerwehr für pädagogisch wertvolles Spielzeug – im letzten Jahr war es ein brennendes Spielzeughaus mit Anleitung für den Löschangriff. Die andere Hälfte gönnen sich die Erwachsenen im Rahmen einer herbstlichen Radtour mit Picknick.

Gefahr in der Heimatstube

Die Ortschaftsrätin ist überrascht, wie schnell die Heimatstube neu ausgemalt wurde und wie wunderschön das fünf mal drei Meter große Harz-Panorama geworden ist! Es gibt allerdings ein kleines Problemchen: Unser Dorf liegt nicht im Harz! Wir leben überhaupt nicht im Harz! Der Harz ist mehr als 70 Kilometer entfernt! Es gibt bei uns keine Fichten, keine Fachwerkhäuser und auch keinen Brocken! Die Mitarbeiterin der Verwaltung, die das Protokoll führt, erklärt, das war ein Haushaltsrest, und so viel Undankbarkeit hat sie noch nicht erlebt.

Der Ortsbürgermeister bittet um etwas mehr Sensibilität und hat schon im letzten Jahr im Stadtrat darauf hingewiesen, dass man vielleicht mal mit den Leuten vor Ort reden sollte, bevor eine zweihundert Jahre alte Linde gefällt wird. Jetzt haben wir den nächsten Zirkus. Die Mitarbeiterin der Verwaltung erinnert daran, dass die Linde längst tot war und ein Anwohner sich beim Ordnungsamt beschwert hatte, sie würde ihm bald auf sein Garagendach knicken. Der Ortsbürgermeister betreut diesen Anwohner seit Jahren ehrenamtlich, ist aber leider laut Satzung nur beratend tätig und wurde wegen der Linde nicht angehört, weil Gefahr im Verzug war. Die Ortschaftsrätin hat damals die Baumscheiben noch mit grünen Trieben gesehen, glaubt der Kommune kein Wort und fragt, wo, Bitteschön, in unserer Heimatstube eine Gefahr liegt.

Gemeindearbeiter Peter E. meint, man könnte in Höhe des Brockens ein Fenster reinbrechen. Der Ortsbürgermeister fragt, ob wir Langeweile haben. Die Mitarbeiterin der Verwaltung sagt, das müsste beim Bauamt beantragt werden. Auf dem Dachboden des ehemaligen Kindergartens, der 2013 wegen eines jährlichen Verlustes von fast 15.000 Euro geschlossen wurde, lagern aber zum Glück noch ein ausgestopfter Elbe-Biber, ein Seeadler und eine Rohrweihe. Diese könnten wir vor die Fichten schrauben. Überdies ist Peter E. bereit, seine „Badewannen-Sammlung" als Dauerleihgabe kurzfristig an die Wand zu stellen. Sie umfasst Zink-Badewannen, Zink-Waschtröge, Zink-Futtertröge, Zink-Schlachtetröge und vieles mehr. Einen besseren Einblick in das bäuerliche Leben um 1950 kann man nicht haben. Über den Brocken hängen wir ein Foto von der 1000-Jahr-Feier 1984. Dies kann allerdings nur eine Übergangslösung sein, denn Peter E. hat noch mehr. Ausstellungskonzept und eine sichere Präsentation sind das A und O. Die Ortschaftsrätin hat hierzu bereits eine Idee, denn sie kennt jemanden. Und der verfügt über Kontakte zur Kulturstiftung des Bundes.

Einen solchen Türöffner sollte der Ortsbürgermeister unbedingt einladen. Vorgestellt wird er auf der nächsten Sitzung von der Ortschaftsrätin persönlich, da sie an ihrem alten Wohnort mit ihm Volleyball spielt: „Ich sage immer, er ist unser Gehirn. Er weiß alles, er kennt die Kirchenbücher. Ein Mann wie ein Lexikon. Er macht auch Nachtwächter-Touren." Kürzlich wanderte nachts eine UNESCO-Weltkulturerbe-Delegation mit, wobei eine Projektmitarbeiterin offenbar Info-Material zur Kulturförderung in der Bundesrepublik Deutschland überreichte. Auf dieser Grundlage wird den Sitzungsteilnehmern jetzt versichert, dass eine Unterstützung durch die Kulturstiftung des Bundes „nicht auf eine bestimmte Sparte oder ein bestimmtes Thema festgelegt" ist. Auch unser Projekt „Neuausrichtung einer Heimatstube mit einer Ausstellung für viele Vereine (Arbeitstitel)" kommt also infrage! Der Ortsbürgermeister spürt, wie allen Anwesenden warm ums Herz wird, merkt jedoch an, dass dann theoretisch auch die lustige Nonsens-Olympiade der Freiwilligen Feuerwehr, bei der im letzten Jahr jemand eine Mandarine im Ganzen herunterschlucken sollte, für eine Förderung durch die Kulturstiftung des Bundes infrage kommt. Theoretisch funktioniert auch der Kommunismus. Die Vorsitzende des Gemeindekirchenrates sieht durchaus einen Wink Gottes darin, dass die Kulturstiftung des Bundes ihren Sitz seit kurzem im nächsten Oberzentrum hat, das nur 60 Kilometer entfernt ist. Und weil die deutliche Mehrheit es wünscht, bittet der Ortsbürgermeister, der genau weiß, wie es enden wird, um einen dortigen Beratungstermin.

Wenige Wochen später erfährt eine kleine Dorf-Delegation in lichtdurchfluteten Räumen bei einer Tasse Fair-Trade-Kaffee etwas über die Förderung innovativer Projekte in einem internationalen Kontext: Bei der Beantragung kann man wählen zwischen „Klimaneutraler Kunst", „TURN – Künstlerische Zusammenarbeit zwischen Deutschland und afrikanischen Ländern" und „Kultur digital".

Der mitgereiste Gemeindearbeiter Peter E. findet die Stühle unvorstellbar und prüft sie fachmännisch auf Festigkeit, die Ortschaftsrätin blättert mit bleicher Miene im Werbematerial – „Un:imaginable – histories in conversation", „The Ghosts are returning", „Marejesho asili mila utamaduni wetu" –, während der Ortsbürgermeister um die Unterstützung einer Ausstellung in einem innovativen ländlichen Raum, natürlich immer auch international, bittet.

Die aufmunternde Antwort der Mitarbeiterin, die sich hierfür gern Zeit genommen hat, beginnt mit den Worten „Kleinere Ausstellungsprojekte zur Stärkung der Demokratie fördert vielleicht das Kulturamt des zuständigen Landkreises, da können wir möglicherweise vermitteln." und endet mit dem leicht gekicherten Teilsatz „… solange es nicht gerade eine Badewannensammlung ist …"

Peter E. flüstert, wir könnten unsere Ausstellungsstücke vielleicht etwas ‚schräg' positionieren. Der Ortsbürgermeister meint, wir melden uns. Ein Gottesbeweis ist an diesem Tag nicht mehr erforderlich, denn beim Hinausgehen liest man an der Wand des alten Gebäudes gegenüber:

„Die auf den Herren harren, kriegen neue Kraft, dass sie auffahren mit Flügeln wie Adler.“

Liebesbräuche und ihre Folgen

Unter den Bräuchen, welche die ersten zarten Bande zwischen den dörflichen Liebenden begleiten und knüpfen, ist zunächst das „Liebesorakel" bemerkenswert. Um zu erfahren, wann man endlich eine Braut wird, benötigt man seit Menschengedenken eine Wollsocke, eine Flasche Sekt, ein paar Kerzen, einen Gänserich sowie eine Gruppe junger Mädchen, die nicht kichern dürfen. In der Matthiasnacht (24. Februar) soll man dem Gänserich die Socke über den Kopf ziehen, während man die brennenden Kerzen in den Händen hält. Wenn der Gänserich mit den Flügeln schlägt und die Kerzen weiterbrennen, wird man noch in diesem Jahr eine Braut, wenn nicht, muss man im Laufe des Jahres sterben. Nach den alten Aufzeichnungen im Aktenschrank des Gemeindehauses konnte ein Mädchen den zukünftigen Bräutigam bereits dadurch zum „Erscheinen" veranlassen, dass sie „in der Christnacht in nacktem Zustande den Tisch scheuert". Wer bei all dem kein Glück hatte, kann bis heute am Silvesterabend einen Apfel schälen und die Schale so über den Kopf hinter sich werfen, dass daraus die Buchstaben eines bestimmen Namens zu lesen sind. Dabei gilt es, dessen Buchstaben hineinzuinterpretieren, den man unbedingt haben will.

War die Orakelarbeit erfolgreich, folgten und folgen naturgemäß weitere Schritte. Gleichaltrige männlichen Geschlechts wurden und werden hierbei traditionell benachteiligt. Wer vom Pferdejungen zum Ackerknecht aufsteigen wollte, musste zum Beispiel noch zu Anfang des vergangenen Jahrhunderts schwören, dass er zwischen 14 und 17 „keine Liebeleien anfangen" würde. Bei öffentlichen Festlichkeiten durften die Untersiebzehnjährigen in Anwesenheit der Damenwelt daher nur „mit Erlaubnis des Altmeisters ein paar Mal mit herumtanzen". Dann durften sie nach Hause gehen, und die Älteren hatten freie Bahn. Wer jedoch die harte dreijährige Phase überstand, hatte gute Möglichkeiten des Kennenlernens in der sogenannten Spinnstube, man könnte sagen dem „Youth Club" der damaligen Zeit. An langen Herbst- und Winterabenden wurde dort von den heranwachsenden Mädchen gesungen und Wolle gesponnen, während die Jungs würfelten und Bier mit einem Alkoholgehalt von circa 2,5 Prozent tranken. Auch traf man sich schon damals mitunter zu Hause, wenn die Eltern beziehungswiese Herr und Herrin gerade nicht da waren. Allerdings wurde und wird man auf dem Weg dorthin mit Sicherheit von jemandem gesehen. Beliebt waren und sind dann Pfandspiele aller Art. Pech für diejenigen, die dabei keine oder keinen abbekamen und „Junggeselle" oder „Jungfer" bleiben mussten, da sie nach dem Volksbrauch noch lange im Dorf herumspuken, teilweise über den Tod hinaus.

Auf die noch immer nicht gänzlich erklärten Beweggründe der Partnerwahl geben wiederum die Aufzeichnungen im Aktenschrank des Gemeindehauses wertvolle Hinweise. Zwischen 1650 und 1850 wurden 253 Ehen geschlossen. Bei nicht weniger als 83 dieser Verbindungen waren beide Ehepartner im Dorf geboren. Für 170 Paare lässt sich zeigen, dass zumindest ein Ehepartner aus dem Ort stammte, der andere meist aus dem Nachbardorf. Wen wundert es, dass Gemeindearbeiter Peter E. nach einer archäologischen Ausgrabung und einem DNA-Test mit glänzenden Augen versichert, er stammt in direkter Linie aus der hiesigen Bronzezeit. Stärkeren Zuzug aus der Fremde gab es nach dem Dreißigjährigen Krieg erst wieder um 1880, aufgrund des vorübergehenden Betriebs einer Braunkohlengrube, und 1945, weil zwei Sechzehnjährige mit Duldung des damaligen Ortsbürgermeisters am Kirchturm ein weißes Bettlaken anbrachten, unser uralter Siedlungsplatz somit nicht zerstört wurde und Wohnraum für Flüchtlinge zur Verfügung gestellt werden konnte.

Männer sind hier nicht zugelassen

Spätsommer 2015: Im Ortschaftsrat wird angesichts der Nachrichten und der Weltlage beschlossen, angemessene Unterkünfte für Flüchtlinge aus Syrien anzubieten und der Einheitsgemeinde schnellstmöglich eine Liste mit kommunalen und privaten Wohnungen zu übermitteln. Die ehemalige Russischlehrerin ruft freudestrahlend, sie gibt gern Nachhilfe und bringt, wenn es nötig ist, auch gern mal die Kinder zur Schule. Sie selbst hat ja leider keine Enkel.

Der Ortsbürgermeister meldet sich sicherheitshalber telefonisch bei der Kreisverwaltung und weist auf die leer stehenden Wohnungen in dieser klammen Kommune hin. Zwei neue Familien im Dorf wären ideal. Die Kreisverwaltung äußert sich nach drei Wochen schriftlich, es wird die zentrale Unterbringung favorisiert. Diese erfolgt ausschließlich im Grundzentrum der Einheitsgemeinde, da dort ein leichterer Zugang zu den zentralen Deutsch-Kursen ermöglicht wird. Das Hauptgebäude der ehemaligen Domäne wurde dort angemietet. Es beherbergt nun zweihundert Menschen aus Syrien und Tunesien, überwiegend junge Männer. Der Ortsbürgermeister ruft noch einmal an, weist auf 25 Prozent Einwohnerverlust seines kleinen Dorfes in den zurückliegenden 20 Jahren hin und hat einen guten Freund im Kreistag. Nach vier Wochen kommt tatsächlich eine Familie mit vier Kindern in den Bereich außerhalb des Grundzentrums und bezieht eine Wohnung, deren Möblierung gespendet wurde.

Die Ortschaftsrätin hat für die kleine Willkommensveranstaltung eine Sozialpädagogin von der Universität gewonnen, die ihr Projekt „Refugees Welcome – Studierende engagieren sich für Flüchtlinge“ vorstellt. Frau Zapotetzky von der Agrargenossenschaft fragt, ob die

Flüchtlinge und die Studenten auch arbeiten dürfen, in der Landwirtschaft sind noch Stellen frei. Die Sozialpädagogin erklärt mit warmer Stimme, dass man nicht mehr „Flüchtlinge" sagt, sondern dass es korrekt „Geflüchtete" heißt. Alles andere wäre abwertend. Frau Zapotetzky erwidert, dann hätte man ihre Großeltern aus Oberschlesien ja die ganze Zeit abwertend bezeichnet. Die Projektleiterin lässt sich auf eine Diskussion auf diesem Niveau gar nicht erst ein und erklärt, bis die Geflüchteten arbeiten dürfen, wird wohl noch etwas Zeit ins Land gehen.

Der Ortswehrleiter schlägt vor, den etwa zwanzigjährigen Neuankömmling Tarek A. zum Feuerwehrdienst einzuladen, um ihm mal unsere moderne Technik zu zeigen. Wir haben jetzt einen gebrauchten HLF 20 vom Partnerdorf aus Niedersachsen mit 2.300 Liter-Wassertank plus Generator. Nach dessen Einbau gewinnen wir wertvolle Minuten, denn bei 400 Volt liefert er stolze 23 Kilovoltampere. Es handelt sich übrigens um die Königsklasse der Löschgruppenfahrzeuge. Tarek A., der am besten Deutsch von allen kann, sagt seine Teilnahme am Feuerwehrdienst für den kommenden Freitag, 18 Uhr zu. An diesem Abend warten acht Kameraden und eine Kameradin in voller Montur bei 26 Grad im Schatten eine halbe Stunde. Dann machen sie mit dem HLF 20 eine Probefahrt durch den Ort und sehen Tarek A. rauchend in der Bushaltestelle sitzen.

Die Ortschaftsrätin organisiert jetzt jeden Montag einen Frauen- und Mütter-Spaziergang zum Sportplatz und zurück. Was genau sie dort treiben, bleibt unklar. Der Ortsbürgermeister überbringt Kuchen, den die Ortschaftsrätin mit den Worten in Empfang nimmt: „Männer sind hier nicht zugelassen."

Auch fährt der Ortsbürgermeister mit der älteren Schwester von Tarek A. einmal in der Woche ins Oberzentrum, was ihr Vater nur deswegen duldet, weil der Antrag auf einen Bitumen-Belag des Kopfsteinpflasters der Straße zum Nachbarort seit 1994 in der Kreisverwaltung bearbeitet und der öffentliche Personen- und Nahverkehr seit kurzem aus Sicherheitsgründen in unbekannte Gegenden umgeleitet wird: Rang 37 im Sanierungsprogramm der Kreisstraßen. Auf der langen Autofahrt erklärt Sara A. in perfektem Englisch, Damaskus sei viel schöner, und sie wolle auf keinen Fall hier bleiben, besser wären Berlin oder Stuttgart. Ihr Bruder möchte dort Flugzeugbau studieren. Ihr Vater hat allerdings das letzte Geld in der Türkei abgegeben, und sie sind dann durch Griechenland bis nach Kroatien gelaufen. Auf die Frage, wie sie sich ihre Zukunft vorstellt, antwortet sie, sie möchte einen Arzt heiraten.

Vier Wochen später weint die Frau des Pfarrers im Beisein des Ortsbürgermeisters bitterlich, weil keine einzige Flüchtlingsfrau zum Arzttermin erscheint. Die syrische Familie erklärt auf Englisch, dass der Kontakt zu den Menschen im Ort nicht mehr erforderlich ist, denn sie ziehen ohnehin bald zur Verwandtschaft nach Berlin. Aus dem neu errichteten Heim im Grundzentrum, das aus allen Nähten platzt, kommt jetzt regelmäßig eine Gruppe von etwa 20 jungen Männern ins Dorf. Zuerst wollen sie in den Jugendklub, dann gehen sie im „Konsum" einkaufen.

Der Ortsbürgermeister lädt zu einer außerordentlichen Ortschaftsrat-Sitzung ein. Seit dem Hochwasser war das Gemeindehaus nicht so voll. Nach einer kurzen Begrüßung, der Feststellung der Beschlussfähigkeit und der Bestätigung der Tagesordnung kann jeder seine Fragen an unser ehrenamtliches Gremium richten. Der Ortsbürgermeister fügt hinzu, der Begriff „Einwohnerfragestunde" ist heute gern mal wörtlich zu nehmen. Frau Zapotetzky meint, die Männerhorde aus dem Container macht uns Angst. Wie naiv muss man sein, Leute ins Dorf zu holen, die nicht bereit sind, die Straße vor dem Haus zu fegen, das wir ihnen kostenlos zur Verfügung stellen. Ihre Kinder grüßen nicht. Wer möbliert eigentlich unsere Wohnungen? In Köln gab es bereits Übergriffe. Der Ortsbürgermeister fragt, ob in unserem Dorf etwas passiert ist, wovon er bislang nichts weiß. Frau Zapotetzky antwortet, dies ist Gott sei Dank noch nicht der Fall, aber es kommt eben auch darauf an, wie „frau" sich fühlt, wenn hinter ihr plötzlich 20 Typen mit Goldkettchen im „Konsum" stehen, Passantinnen anstarren und fast nichts kaufen. Der Ortsbürgermeister legt dar, dass er dieses Unwohlsein bis zu einem bestimmten Punkt nachempfinden kann, erinnert jedoch höflich daran, dass seit dem letzten Krieg ein Drittel der Dorfbevölkerung von Flüchtlingen abstammt und einige vielleicht noch wissen, wie es sich anfühlt, wenn man an einem fremden Ort nicht willkommen ist. Frau Zapotetzky wirft ein, ihre Vorfahren hätten aber immer Deutsch gesprochen, und es geht hier auch um die Bewahrung des christlichen Abendlandes. Der Ortsbürgermeister meint, er besucht zwar selbst nur viermal im Jahr den Gottesdient, hat aber Frau Zapotetzky dort noch nie gesehen. Frau Zapotetzky fragt, ob er jetzt für Religionsfreiheit ist oder nicht.

Der Ortschaftsrat beschließt einstimmig, die Stadtverwaltung zu bitten, den Jugendklub aufgrund notwendiger Baumaßnahmen bis auf weiteres zu schließen. Die Sozialpädagogin vom Projekt „Refugees Welcome – Studierende engagieren sich für Flüchtlinge" zischt, soviel Ausländerfeindlichkeit hätte sie sich nie vorstellen können. Frau Zapotetzky ruft: „Es ist eine Schande, dass wir vor der Scharia einknicken." Gemeindearbeiter Peter E. sagt, die Baumaßnahmen sind dringend erforderlich, und er stellt unseren Jugendlichen gern vorübergehend seine Scheune zur Verfügung, seine Enkelin ist ja nun auch dreizehn. Die Ortschaftsrätin schlägt vor, Begegnungen mit den Halbstarken aus dem Container in unserem Gemeindehaus zu organisieren; mit der Stimme des Ortsbürgermeisters knapp angenommen.

Zu den Terminen erscheint außer dem Organisations-Team niemand. Die Sozialpädagogin macht daher aus der Not eine Tugend und bietet den Kameraden der Freiwilligen Feuerwehr für den nächsten Dienst-Abend eine Schulung zu verschlüsselter rechtsextremer Symbolik an.

Nach sieben Jahren sind von allen Geflüchteten in der gesamten Kommune noch vier da, unter ihnen Tarek A., der mittlerweile zwei Kinder hat. Seine deutsche Schwiegermutter hat eine so schöne Hochzeit noch nicht erlebt: „In einem Raum feiern die Männer, im anderen Raum die Frauen.“ Er ist nicht im Flugzeugbau tätig geworden, sondern arbeitet in unserer Agrargenossenschaft und leitet dort mittlerweile mit Erfolg die Zwiebel-Sparte. Die ältere seiner beiden Töchter geht in die Kinderfeuerwehr. Seine Schwester Sara hat in Berlin einen Arzt aus Ägypten geheiratet.

Ringreiten

Eine der prachtvollsten Blumen im bunten Strauß heimischer Bräuche ist das Ringreiten. Es trägt seinen Namen einerseits nach dem dabei mit viel Mühe zu erringenden Ring und andererseits nach der dafür auszuübenden Tätigkeit, dem Reiten. Geritten werden darf grundsätzlich nur auf Pferden, und zwar im Trab oder Galopp, solange die Tiere können und die lustige Marschmusik, die Festfreude und die Anwesenheit der so genannten Ehrenjungfrauen ertragen. Für den Reiter gilt es, die circa zehn Zentimeter breiten Eisenringe, deren drei an den Nägeln der Querleiste des mit Blümchen geschmückten sogenannten Reitertores befestigt sind, mithilfe einer sehr kleinen, zugespitzten „Lanze" in drei Durchgängen herunterzustechen. Der alte schöne Dorfkirchturm darf vor Beginn des Reitens noch zusehen, wie 50 Reiterinnen und Reiter ihre Rösser unter Kontrolle bringen, paarweise Aufstellung nehmen und der häufig mit einer Schärpe geschmückte „Hauptmann", den seit drei Jahren die Ortschaftsrätin auf ihrem Wallach spielt, eine teilweise gereimte, ziemlich lange Rede hält. Danach führt er beziehungsweise sie mit einem lustigen Gesellen, dem sogenannten Stiefelputzer, eine öffentliche Scheindiskussion. Bereits Dreijährige bemerken, dass dies vorher abgesprochen wurde, weil der Wortlaut in jedem Jahr derselbe ist. Sätze wie: „Ein jeder nehme sich in Acht / dass er vom Pferd nicht runterkracht." oder vor 120 Jahren gereimte zeitlose Notlügen, wie zum Beispiel „Ringreiten ist nicht schuld daran / nein Schnaps und Bier hat's angetan." bleiben unvergessen. Immerhin dreimal muss man den Ring herunterstoßen und den Schiedsrichtern zuwerfen. Unter denen, die das schaffen, gibt es dann ein endgültiges „Stechen".

Den ursprünglichen Sinn des Ringreitens, nämlich den Sieg des Frühlings zu verkörpern, und die Bitte, die bestellten Felder zu segnen, über-

nimmt die Agrargenossenschaft, die als Sponsor am Ringreiten teilhaben darf. Auf ihre Kosten werden 50 Preise verliehen, früher von einer schönen Ehrenjungfrau, heute von einem alten Mitglied des Festkomitees. Noch vor wenigen Jahren war der Hauptgewinn ein lebendiges Schwein, das sich der Sieger manchmal unter den Arm klemmte. Heute ist es aus Gründen des Tierschutzes ein Spanferkel. Überdies werden die Ringreiter durchaus zeitgemäß beschenkt und erhalten Dinge, die Naturliebhaber erfreuen, wie Kaffeemaschinen und Heizkissen. Ringsherum sitzt während des gesamten Spektakels wie bei jedem Fest die raunende Menge und trinkt Bier. Der inoffizielle Hauptwettbewerb des Tages besteht aus einer üppigen Kaffeetafel, deren Vorbereitung die sich selbst so bezeichnende „Kuchen-Frauen-Gruppe" teilweise mit backendem Anhang übernimmt. Unauffällig wird dabei registriert, wessen Kuchen am schnellsten weggegessen wird.

Pubertät in der Grauzone

Der Vorsitzende des Gemeindekirchenrates hat dringend um das Treffen gebeten: An die Dachrinne des Kirchenschiffs haben Jugendliche „Maximilian stinkt" gesprüht! Der Ortsbürgermeister freut sich zunächst darüber, dass wir somit zumindest eine Person kennen, die es mit einiger Wahrscheinlichkeit nicht war. Er wird dem Jugendklub demnächst mal ein Denkmalpflege-Set in Form mehrerer Drahtbürsten und Lappen überreichen. Zu dieser kleinen Feierstunde sind gern auch weitere Erziehungsberechtigte eingeladen. Der Vorsitzende des Gemeindekirchenrates rügt weiterhin, dass der Jugendklub in letzter Zeit den Eindruck erweckt, wir leben in Amsterdam. Der Ortsbürgermeister legt dar, dass er immer dreißig Meter entfernt parkt und dann langsam über den Sportplatz schreitet, bis er dort anklopft. Dann hört man es meist klappern, und sämtliche Utensilien verschwinden hinter dem Sofa. Ortschaftsrat Siegward G. fragt höflich an, ob der Vorsitzende des Gemeindekirchenrates sich vielleicht noch daran erinnert, wie er vor zwanzig Jahren immer Schraubverschlüsse von Schnapsflaschen an die Decke des Jugendklubs geschraubt und die geleerten Flaschen dann hineingedreht hat. Unter diesen ‚Trophäen' musste dann die Volkssolidarität ihr Weihnachten feiern! Derzeit ist der Jugendklub glücklicherweise in weiblicher Hand. Dies hat dazu geführt, dass er von männlichen Besuchern aus den Nachbardörfern renoviert wird. Kosten für uns: Null. Auch gibt es aufgrund der Dominanz der X-Chromosomen was auf die Finger, wenn sich jemand danebenbenimmt. Siegward G. berichtet, dass wir schon mal eine ganz andere Situation in Form eines vorübergehend geschlossenen Jugendklubs hatten. Damals galt das geflügelte Wort: „Die Tochter des Ortsbürgermeisters sitzt och schon inne Bushaltestelle."

Übersetzung: „Sie ist jetzt in der Pubertät."

Viel besser für alle und auch für den Zustand der Bushaltestelle ist aber eine geschlossene Einrichtung. Das bedeutet konkret ein Jugendklub, für den nur die Jugendlichen, Gemeindearbeiter Peter E. und im Bedarfsfall der Ortsbürgermeister Schlüssel bekommen. Natürlich können Stromkosten in Höhe von 200 Euro und Heizkosten in Höhe von 250 Euro jährlich von der Stadtverwaltung nicht übernommen werden. Der Ortsbürgermeister erinnert bei dieser Gelegenheit noch einmal in ruhigem Ton daran, dass es sich beim Betrieb eines Jugendklubs um eine so genannte freiwillige Aufgabe der Kommune handelt und somit nicht um eine Pflichtaufgabe. Wie wir alle wissen, ist die Kommune in diesem Jahrhundert finanziell am Ende, und die Kommunalaufsicht prüft alle Nicht-Ausgaben in jedem Jahr sehr genau. Um damit verbundene Missverständnisse zu umgehen, haben wir klar geregelt, dass der Jugendklub, der glücklicherweise unmittelbar an das Feuerwehr-Gerätehaus angrenzt, jetzt ein Objekt der Kinder- und Jugend-Feuerwehr ist. Stromkosten in Höhe von 200 Euro und Heizkosten in Höhe von 250 Euro jährlich werden daher mit Augenmaß aus der Position ‚Pflichtaufgabe Feuerwehr' unserer friedliebenden Einheitsgemeinde bezahlt. Frau Zapotetzky fügt gern hinzu, dass dies den Subventionen für zwei Opernkarten im Oberzentrum entspricht. Die Mitarbeiterin der Verwaltung, die das Protokoll unterbricht, erwähnt, sie hat das jetzt alles nicht gehört, und in diesem Jahr arbeitet übrigens der „Jugendklub" schon wieder am Rande der Legalität, da sich vier der regelmäßigen Besucherinnen und Besucher tatsächlich in der Jugendfeuerwehr engagieren.

An drei Tagen im Jahr muss der Jugendklub für jedermann zugänglich und ordentlich sein, weil dort Kuchen und Schnittchen für das Heimatfest, das Erntedankfest und den Subbotnik vorbereitet sowie Sanitäranlagen genutzt werden. Weitere feste Vereinbarungen sind seit der feierlichen Schlüsselübergabe folgende:

1. Sämtliche Möbel werden, bevor sie im Sperrmüll landen, dem Jugendklub angeboten. Dies führt zu permanenter Neueinrichtung und Umdekoration. Der gegenwärtig im Jugendklub nicht selten zu hörende Satz „Madame Caroline räumt wieder um." beschreibt daher eigentlich die wöchentliche Ausbeutung von hoffnungsvollen Freiwilligen als Schrankwandträger.

2. Der Heimatverein sponsert einen Pizza-Backofen für 50 Euro und zwei Lichterketten für 25 Euro. Dafür dürfen die Jugendlichen gemeinsam mit dem Ortsbürgermeister, der Ortschaftsrätin und Frau Zapotetzky bei der Senioren-Weihnachtsfeier das Essen servieren und erfahren, dass der Kartoffelsalat früher besser schmeckte. Auch weitere Kommentare der Silbernen Generation, wie zum Beispiel „Dieser Weihnachtsbaum ist eine Beleidigung unserer Volkssolidarität", führen behutsam in die Lebenswirklichkeit der dörflichen Ehrenamtlichen ein.

3. Die Jugendlichen erhalten aus Spenden während des Erntedankfestes 150 Euro für Spachtelmasse und Wandfarbe und dürfen dann mit dem Risiko des Ortschaftsrates ihren „Klub" selbst ausgestalten. Das aktuelle Ergebnis kann sich durchaus sehen lassen: ein Sockel von frischem Steingrau im Dialog mit bordeauxfarbenen Flächen und olivgrünen Pferdekopf-Mustern, Wahnsinn!

Todesbräuche

Während einige in das Dorf hineingeboren werden, machen ihnen andere Platz und verlassen das Dorf. Sofern sie nicht auswandern, sondern sterben, wird dies angekündigt durch einen Maulwurf, da dieser einen Hügel aufwirft wie ein Totengräber, ferner durch das Zirpen der Grillen sowie das Käuzchen, das mit seinem „Komm mit, komm mit!" zum Sterben aufruft. Als überaus gefährlich gelten zudem einzelne weiße Blätter an grünen Obstbäumen, im Herbst blühende Bäume sowie die sagenhafte weiße Gurke. Wer nicht weiß, wie lange er noch zu leben hat, kann überdies eine Pusteblume pflücken und einmal pusten, und wenn er dann noch lebt, zählen, wie viele Fallschirmchen noch daran sind – so viele Jahre lebt er dann noch. Bei der Ortschaftsrätin sind es 116. Allerdings sollte sie in dieser Zeit keine Fehler machen. Bereits Vergesslichkeit, verbunden mit Wäsche, die in der Neujahrsnacht hängenbleibt, oder eine gespannte Wäscheleine am Sonntag können tödlich bestraft werden. Sobald dann der Tod eingetreten ist, sind die Spiegel, wenn solche im Zimmer sind, zu verhüllen, sonst stirbt ein zweiter Mensch. Man soll sodann die Fenster geschlossen halten und das Gesicht des Toten in Richtung Tür blicken lassen. Besonders gefährlich ist der Tod von Landwirten und Hobby-Landwirten traditionell für deren Vieh. Damit der Dämon sich früher nicht zurechtfand und mit den Besitzern auch die Tiere mit sich fortnahm, wurden diese noch im letzten Jahrhundert im Stall umgruppiert oder sogar hinaus auf die Wiese getrieben. Wehe der Kuh, die dabei liegenblieb: Sie musste sterben.

Zu große Trauer ist der Dorfgemeinschaft fremd. Man soll das Vergießen von Tränen vermeiden und diese auf keinen Fall auf tote Menschen fallen lassen, denn sie finden sonst keine Ruhe. Aus demselben

Grund ist es verpönt, in offene Gräber hineinzusehen oder sich gar auf Gräber zu stellen. Die Totengräber und Sargträger waren früher nicht selten Familienangehörige, heute kommen sie vom Beerdigungsinstitut. Obwohl ihnen von der Trauergemeinde traditionell zu viele hochprozentige Getränke gereicht werden, gelingt eine würdevolle Verabschiedung der Verstorbenen selbst dann, wenn sie im Leben nicht beliebt waren. Dafür sorgen besonders diejenigen, die alt sind und sich selbst häufiger Gedanken über ihre Beisetzung gemacht haben.

In diesem Zusammenhang ist es noch als eine Besonderheit einzuflechten, dass Metallbau-Unternehmer Eckhardt Z. als Hauptsponsor des Straßenfestes bei der Friedhofsverwaltung die Übernahme eines uralten Mausoleums sowie die Genehmigung der zukünftigen Verwendung eines luftdichten Zinksargs beantragt hat.

Nach dem Begräbnis findet der Leichenschmaus statt. Oftmals wurde in den letzten Jahren dafür das Gemeindehaus oder ein Restaurant im Nachbarort angemietet. Seit kurzem erfolgt dieses Beisammensein jedoch wieder häufiger auf dem Hof des Toten. Dort, wo er gelebt und gearbeitet hatte, liegen schwarze Tischtücher auf Tischen. Beim Essen unterhält man sich seit Menschengedenken über die neue Methode der Direktsaat und das Wetter und gelegentlich auch über das Leben und Sterben des Verstorbenen. Als Zeichen der Trauer wurde und wird gern dunkles Altbier getrunken.

Nach dem Leichenschmaus beginnt die Trauerzeit, in der noch in der Kindheit des Ortsbürgermeisters dörfliche Witwen, für die eine Art Kopftuchzwang galt, Jahr und Tag schwarze Kleidung trugen. Es galt und gilt als unheilbringend, ihnen zu begegnen, kann jedoch, wenn man einkaufen geht, nicht vermieden werden, da sie immer da sind und über ihre Krankheitssymptome berichten. Meist lauern sie auf Gesprächsmöglichkeiten und treiben dann nichts ahnende Passanten in die Enge. Kauft man zum Beispiel mal ein Paket Kaffee, wird man umge-

hend gefragt, wen man denn heute einladen möchte usw. Während man schweigt, plaudern oder „schlawwern" die Witwen stets fröhlich drauf los. Obwohl dabei kein Thema ausgelassen wird, erwähnen sie jedes Mal, dass sie ja eigentlich gar nichts sagen wollen: „Ich will ja nischt saren, awwer …" Es ist für routinierte Witwen bis heute eine Kleinigkeit, angeblich „gebildete" Menschen oder sogenannte Kommunalpolitiker an die Wand zu diskutieren. In einer globalisierten Welt, in der Kommunikation und sprachliches Ausdrucksvermögen eine zunehmend größere Rolle spielen, steht hingegen ein im Dorf zurückgebliebener Mann fast immer auf der Verliererseite. Für ihn reicht es eigentlich aus, wenn er den Namen seines Nachbarn kennt. Daher sagt er zum Beispiel auf keinen Fall förmlich „Guten Tag", das wäre hochnäsig, sondern schaut den anderen an und spricht mit tiefer Stimme und besonderer Betonung der ersten Silbe zum Beispiel „Hartmut". Darauf antwortet der andere in gleicher Weise „Manfred". Dann geht man oder fährt man ohne ein weiteres Wort zufrieden aneinander vorbei.

Derjenige, den man nicht kennt, bekommt mit Glück ein kurzes „Tach" entgegengeschmettert. Auch der höchst seltene Gesprächseinstieg ist unter den im Dorf zurückgebliebenen Männern streng ritualisiert und bis heute nicht situationsabhängig. Er lautet traditionell: „Kalt jewor'n." Die seit Jahrhunderten unverändert gebliebene Antwort besteht aus einem „Ja" oder „Jo", oder, wenn man anzeigen will, dass man doch noch an einem kurzen Gedankenaustausch interessiert ist: „Was soll das bloß noch wer'n." Selbst auf die einmal jährlich gestellte Frage „Weihnachten jut verlebt?" lautet die männliche Antwort: „Muss ja." Und nur dann, wenn es besonders schön war, „So la la." Der Grund für diese kommunikative Armut liegt übrigens bei der Mutter, genauer bei deren Interaktion mit den Witwen während der Pubertät des Sohnes. Diese sprechen nämlich in der Warteschlange nie das Kind, sondern stets die Mutter an, zeigen aber auf den Sohn und sagen: „Groß jewor'n is'e", oder

„Ganz schön schlank jewor'n", woraufhin die Mutter bescheiden antwortet: „Na, 'n bisschen abnehmen kann'e noch, aber er macht ja nu keen Sport mehr." Das männliche Kind sagt in solchen Situationen bis zum vollendeten 50. Lebensjahr nichts.

Bald, nachdem im 19. Jahrhundert aufgrund einer Cholera-Epidemie am Dorfrand ein neuer Friedhof angelegt werden musste, konnte über den „alten Friedhof" um die Kirche gegangen werden wie über einen mit behauenen Steinen zugestellten Park. Bis vor kurzem wurde übrigens dort – nach fast zwei Jahrhunderten – noch ein Grab von ‚Angehörigen' gepflegt, die allerdings nicht mehr genau wussten, weshalb. Dieser „alte", nun endgültig aufgegebene Friedhof liegt etwas höher als die Straße, weil er wie fast alle Kirchhöfe der Gegend aus mehreren, übereinanderliegenden Gräberschichten besteht. Nach der Zählung von Peter E. sind es sieben. Nicht wenige schreiten, um eine Abkürzung zu nehmen, tagtäglich über die vielen Toten, meist ohne groß darüber nachzudenken. Kinder spielen zwischen den verwitterten Steinen und sammeln im Herbst Kastanien, um Tiere zu füttern, etwas zu basteln oder Scheiben des ehemaligen „Konsums" einzuwerfen. Mancher Schacht wurde von Peter E. beim Verlegen von Erdkabeln und Rohrleitungen schon quer über den alten Friedhof gegraben und wenig Erstaunliches zutage gefördert. Die Toten, die in ihrem Leben ganz ähnlich handelten wie wir und mit denen uns darüber hinaus, wenn nicht Verwandtschaft, so doch zumindest der gemeinsame Wohnort verbindet, haben somit einen selbstverständlichen Platz in unserer dörflichen Gegenwart.

Früher Alkoholismus und ein langer Vortrag des Ortsbürgermeisters über eine Hexe

„Viele Mädgen halten sich reinlich, ja proper, nehmen alles in acht …", aber dann: „Sie heyrathen und darauf gehen sie als ein Scheusaal; sie versauen alles; ihre Kleidung hängt ihnen in der Woche als Lumpen auf dem Leibe; ihre Stube ist ein Stall, der nur des Sonntags ausgemistet wird." – Eine beeindruckende Persönlichkeit war Samuel Benedikt C., der hier als Pfarrer wirkte und dem wir diese Zeilen verdanken. Wenn er um 1760 nicht so vieles und so grundehrlich aufgeschrieben und wenn Peter E. während der friedlichen Revolution den Befehl, alle Akten im Gemeindeschrank zu vernichten, tatsächlich befolgt hätte, wüssten wir viel weniger. „David Schnocks Frau ist faul und schwatzig", heißt es da zum Beispiel zusammenfassend. Oder: „Johann Jeremias Mewes heyrathete des Schöffen Moritz Schnocks Tochter. Solange sie lebte, hörte man nur unter der Hand, daß er liederliche Hurenstreiche übte. Nach ihrem Tode aber trieb er solche Schande, daß auch die Kinder auf der Straße davon zu reden wussten. Er hielt es mit Eheweibern, ja mit Bettelweibern. Auf dem Felde hielt er reisende Weibesleute an, und wenn das Getreide auf dem Felde stand …" hier bricht die Erzählung des Samuel Benedikt C. nicht ab, sondern kann in seinen Aufzeichnungen im Gemeindehaus weitergelesen werden. Über die weiblichen Angehörigen seines Nachbarn notierte der Pfarrer knapp: „Seine jüngste Tochter, die Johann Jeremias Mewes zum zweyten Male beschlafen, ist noch fauler als die Mutter und ein erzliederliches Weibsstück." Auch die Persönlichkeit des zweiten Nachbarn wurde kurz eingeschätzt: „Er ist der unordentlichste und schlechteste Wirth im Dorfe und ein ganz unvernünftiger Trunckenbold. Sein Hof ist immer in Schulden. Der Gastwirth hat ihn schon so ofte aus den Schulden gerissen, daß er, was er von ihm bezahlt, auf mehr als 2000 Thaler rechnen kann. Allein es hilft nichts. Er trinckt immer wieder drauf loß, und seine Frau säuft Branntwein wie Wasser und gibt alles weg, um sich selbigen zu verschaffen. Die Tochter trinckt auch …"

Angeregt durch solche Lektüre in Mußestunden nach Sitzungen des Ortschaftsrates und Sprechzeiten, bei denen der Ortsbürgermeister wegen kaputter Straßenlaternen und angesichts des Zustands eines Feldweges hin und wieder mit dem Taschenmesser bedroht wird, muss er die Chronik weiterführen oder zumindest dafür sorgen, dass geeignete Persönlichkeiten dies tun. Da die Heimatstube nun eingerichtet ist, geht durch eigenhändigen Posteinwurf jedem Haushalt eine Einladung zur feierlichen Eröffnung zu. Dies wird verbunden mit der Frage: „Wer hat das älteste Foto unseres Dorfes?"

Das Gewinnerbild ist von Siegward G. aus dem Jahr 1901, der jetzt übrigens mit der Sozialpädagogin liiert ist, die das „Herr, erbarme Dich!" des Kirchenratsvorsitzenden genau gehört hat. Der Raum ist bis auf den letzten Platz gefüllt. Die Reihe „Eine spannende Dorfgeschichte aus der Vergangenheit" eröffnet der Ortsbürgermeister hiermit selbst, und zwar aufgrund eines weiteren Aktenfundes im Schrank des Gemeindehauses, während die Ortschaftsrätin süffisant flüstert, dies war zu erwarten.

Wenn Christina Ziesing nicht widerfahren wäre, was im Folgenden zu beschreiben ist, würde man wahrscheinlich nicht wissen, dass sie gelebt hat. Dort wo sie wohnte, war sie jedenfalls nicht amtlich gemeldet. Kirchenbücher, die über ihre Taufe, ihre Eheschließung und ihre Bestattung Auskunft geben könnten, gibt es nicht. Dass sich über sie mehr sagen lässt als über die meisten Zeitgenossen ihres Standes, liegt in einer umfangreichen Akte begründet, die die Jahrhunderte überdauerte und am 14. Februar des Jahres 1619 zusammengeheftet wurde. Im Mittelpunkt der darin geschilderten Geschehnisse steht eine ältere Frau, die nach eigenen Aussagen schwer hörte. Sie war verheiratet und hatte einen erwachsenen Sohn.

Noch waren die Auswirkungen der großen Politik, die zu einem 30-jährigen Krieg führen sollten, nicht zu spüren. Man konnte also noch nicht wissen, dass die Sorgen und Nöte, die man im Dorf bereits aufgrund eines Währungsverfalls und der damit verbundenen Teuerung empfand, sich bald ins Unermessliche ausweiten würden. Für den Kampf ums Überleben bestanden in den hiesigen bäuerlichen Wirtschaften unterschiedliche Voraussetzungen. So besaß zum Beispiel der vermögende Chim Haarlock von Vorhoff damals 167 Morgen Acker und 32 Morgen Grasland, während einige seiner Nachbarn jeweils nur über zwei Morgen Gras verfügten, wie sie Heinrich Ziesing, der Sohn von Christina Ziesing, bewirtschaftete. Den einzigen Zuverdienst, der angesichts dieser geringen Fläche für die ärmsten Einwohner notwendig war, ermöglichte die gelegentliche Hilfstätigkeit auf den größeren Höfen als Erntehelfer und Futterschneider. Es wird also für Heinrich Ziesing, der als ein solcher Tagelöhner auf das Wohlwollen seiner Nachbarn angewiesen war, ein Glück gewesen sein, dass die Bauern ihn 1614 zum „Nachthüter" ihrer Pferde bestellten. In die Hütte, in der er mit seiner Frau und drei Kindern am unteren Ende des Dorfes lebte, war wenig später auch seine Mutter Christina mit ihrem Mann Martin Ziesing eingezogen. Das alternde Paar hatte zuvor im Nachbardorf gelebt, konnte aber dort den Hauszins nicht mehr zahlen. In ihrem neuen Wohnort unterschied man nun zwischen Heinrich Ziesings Ehefrau, „der jungen", und seiner Mutter, der „alten Ziesingischen".

Dass vor allem die alte Ziesingische einen starken Charakter hatte, wird in der vorliegenden Akte mehr als deutlich. Es wurde sogar aus-

drücklich festgehalten, dass „niemand gern in Ungüte mit ihr wollte zu schaffen haben“. Temperament und Selbstbewusstsein spiegeln sich auch in einem Brief, den sie am 12. Mai 1618 eigenhändig verfasst und an den zuständigen Amtmann der Grafschaft gerichtet hatte. Darin hatte sie ihre Sicht auf ein für sie und die hiesige Dorfgemeinschaft einschneidendes Ereignis dargelegt.

„Als zwei arme Weiber“ hätten die alte und die junge Ziesingische am 2. Februar 1618 Schilfrohr am sumpfigen Rand der Dorfmark geerntet, und zwar „jede eine Hucke voll“. Nachdem die Frauen schwer beladen im Dorf angelangt waren, kam ihnen der Bauer Georg Kilian entgegen und riss ihnen in einem Wutausbruch die Ernte vom Rücken. Da das Schilf auf seinem Land im Bruch gewachsen war, nahm er, was er davon tragen konnte, drohend und schimpfend mit hinüber in sein Gehöft. Es waren allerdings noch einige Halme vor Ziesings Tür liegengeblieben, und so beauftragte Georg Kilian seinen siebzehnjährigen Kleinknecht, auch diese Reste noch zusammenzuharken. Bei dieser Arbeit wurde der junge Mann nun von der alten Ziesingischen, die aus der Hütte trat, mit den Worten angesprochen: „Mein Sohn, laß das Schilfrohr liegen, ich will es selbst aufharken, daß ich auch etwas Feuerwerk kriege!“

Eine klimatische Abkühlungsphase hatte zwischen 1610 und 1620 hierzulande ihren Höhepunkt erreicht. Die unmittelbare Umgebung war nicht holzreich, und Schilf aus dem sumpfigen Bruch war als Heizmaterial begehrt.

Dass der junge Knecht die Weisung seines Herrn gewissenhaft befolgte und nicht auf die alte Ziesingische hörte, empfand diese natürlich als ungerecht. Daher gab sie dem Auftraggeber des Jungen einen lauten Fluch mit auf den Weg: „Ich will, daß das Rohr demselben im Leibe stecke, und brannte lichterloh!“

Zwei Tage später erkrankte der Bauer Georg Kilian schwer. Seine Ehefrau ließ daher nach Christina Ziesing rufen, „ob sie Rath wüßte" und ob sie wohl aus „guten Kräutern" etwas zubereiten könnte, um ihn zu retten.

Offenbar wurde die alte Ziesingische als eine heilkundige Frau angesehen. Man hatte, wie spätere Aussagen andeuten, wohl schon häufiger ihre Hilfe in Anspruch genommen.

Als sie nun ins Haus des Kranken eilte, standen bereits „etliche Weiber aus dem Dorfe" bei ihm. Empfangen wurde sie von den Nachbarinnen jedoch keineswegs als Helferin, wie sie geglaubt hatte, sondern mit dem Vorwurf, „er hätte solche Krankheit von mir". Ihre Nachbarinnen behaupteten, dass „ich ihn so verwünschet, daß er müßte des Todes drüber sein". Der Bruder des Kranken, Palm Kilian, hatte die Anschuldigung am Krankenlager ebenso mitangehört wie der siebzehnjährige Kleinknecht, der unmittelbar hinter Christina Ziesing in der Stube stand. Diese verließ wortlos das Haus. Am übernächsten Tag, es war der 8. Februar 1618, starb Georg Kilian. Er hatte im Todeskampf noch öfter über die „alte Ziesingische geschrien", bis ihn die Stimme verließ.

Für jedermann war abzusehen, was nun folgen würde. Aber gegen die Gerüchte im Dorf setzte sich die alte Ziesingische sehr schnell zur Wehr. Bereits am 12. Februar verklagte sie Palm Kilian im gräflichen Amt, weil er sie beschuldigte, die tödliche Krankheit verursacht zu haben. Daraufhin musste er die Vorwürfe zurücknehmen, weil er sie, wie der Amtmann ausdrücklich hervorhob, nicht beweisen konnte. Palm Kilian tat dies zwar auch schriftlich, bat jedoch bei dieser Gelegenheit darum, von Amts wegen wenigstens Erkundigungen einzuholen, wie sich Martin Ziesings Ehefrau früher im Nachbardorf verhalten hätte, aus dem sie hätte „weichen müssen".

Nach diesem Schriftverkehr ereignete sich in der Sache nichts, was Eingang in die Akten fand. Allerdings ist anhand der folgenden Ereig-

nisse anzunehmen, dass die Vorwürfe weiterhin im Raum standen. Vielleicht auch deswegen waren die beiden alten Ziesings aus der Hütte ihres Sohnes ins „Gartenhäuslein" eines weiteren Großbauern, Hans Freiberg, gezogen. Dort saß Christina Ziesing am 2. November 1618 und kochte eine Suppe für sich und ihren Mann, der am frühen Morgen aufs Feld gegangen war. Zwischen 9 und 10 Uhr vernahm sie zweimal hintereinander einen lauten Knall, „wie vom Schuß einer Büchse", trat zur Tür heraus und sah, dass das Strohdach in Flammen stand. Offenbar geriet sie in Panik und eilte in das brennende Gebäude, um ihre Habe zu retten: ihres Mannes Pelz und Hosen, zwei Hemden, die sich in ihrem Kasten befanden, ihre Betten, ihren Mantel. Als der zufällig hinzukommende Pfarrer sie ansprach: „könnt ihr nicht Hilfe rufen, ihr könnt alleine nichts verwahren", reagierte sie nicht. Eine Nachbarin sah die alte Ziesingische wie benommen noch dreimal ins Feuer laufen und „ihr Zeug auf den Sauberg tragen". Beim letzten Mal wäre sie so lange in den Flammen gewesen, dass man schon meinte, sie wäre umgekommen.

Dass Christina Ziesing nicht um Hilfe rief, sondern zunächst ihre Habseligkeiten zu retten versuchte, versetzte das Dorf in Aufregung. Einige Bauern wandten sich jetzt an das gräfliche Amt. Die alte Ziesingische wurde daraufhin in Haft genommen und mit gebundenen Händen in das zwölf Kilometer entfernte Schloss gebracht. Neben dem Vorwurf der Brandstiftung waren dem dortigen Amtmann von mehreren Nachbarn weitere Anschuldigungen mitgeteilt worden, und so entschieden die gräflichen Räte am 4. November 1618, wie „in Sachen der gefänglich eingezogenen alten Ziesingischen" zu verfahren sei: Die Einwohner des Dorfes sollten vorgeladen und ihre Aussagen in die geordnete Form eines Verhörprotokolls gebracht werden. „Auf dieser Grundlage", hieß es weiter, „geschiehet der Herrschaft Meinung." Jeder einzelne Nachbar und jede einzelne Nachbarin schwor, „daß ich durch Gunst oder Mißgunst, Freundschaft oder Feindschaft, mich zur Unwahrheit nicht ver-

leiten lassen, sondern also zeugen will, wie ich es gegen Gott im Himmel am Jüngsten Gericht zu verantworten getraue."

Ob es wahr sei, dass die alte Ziesingische bereits im benachbarten Amt der Zauberei verdächtigt wurde, wie man es dem kürzlich übersandten Schreiben des dortigen Pfarrers entnehmen könnte. Palm Kilian hatte „es von anderen Leuten nicht anders gehöret". Die Beschuldigte hätte einen „bösen Leumund" gehabt und wäre vor allem wegen der Schafmeisterin im Nachbardorf in Verdacht gewesen, der sie erheblichen Schaden zugefügt hätte. Allerdings fügte der gräfliche Amtmann entlastend hinzu, er hätte davon Kenntnis, dass die genannte Schafmeisterin seinerzeit aufgefordert worden war, sich aufgrund offenkundig haltloser Vorwürfe bei Christina Ziesing zu entschuldigen. Obwohl dies nicht geschehen wäre, hätten sich beide Frauen in der Folgezeit wieder gegenseitig besucht. Die Beschuldigte selbst sagte aus, dass sie vor Jahren gesehen hätte, dass die Schafmeisterin von einer schlimmen Krankheit befallen war, von der sie vermutete, es wären „solches die bösen Dinger oder Elben". Diese wären so lang wie ein Fingerglied, hätten schwarze Mäuler, rote Köpfe und lange Schwänze. Um die Schafmeisterin von dieser Plage zu befreien, hatte die alte Ziesingische sich ein Beutelchen geborgt, in dem sich „Elffhäuser" befanden. In diese könnte man die gefährlichen Elben zurücklocken. Alle Bemühungen führten aber nicht zur Heilung. Ursache der Krankheit wären „mithin nicht die Elben, sondern der lebendige Wurm" gewesen. Die Schafmeisterin hätte nun aber plötzlich sie, die Ziesingische, beschuldigt, dass „sie solche bösen Dinger einem zubringen und benehmen könnte".

Auf die Frage, ob es wahr sei, dass die Beschuldigte der Schafmeisterin damals die Krankheit genommen und dafür einem Nachbarskind etwas Böses beigebracht hätte, sodass dieses „ganz lahm und zusammengewachsen war", antwortete dessen Vater. Er hätte die Schafmeisterin auf Bitten der alten Ziesingischen während des Streits der beiden

Frauen sozusagen als Vermittler aufsuchen sollen. Die Schafmeisterin hätte ihn aber gar nicht ins Haus gelassen, sondern aus dem Fenster gerufen, sie hätte ihre Krankheit mit Sicherheit von „der alten Ziesingischen und von keinem anderen Menschen", das sollte er ihr nur sagen. Zwei Wochen später schickte der Vater seine kleine Tochter auf den städtischen Markt mit drei Vierteln Hafer, also etwa 30 Kilogramm Getreide. Auf dem Weg dorthin begegnete ihr zufällig die alte Ziesingische, die sich schnell niederbückte und sich an die Schuhe griff: „Vielleicht, dass sie nicht hat sollen gekannt werden." Als das Mädchen am Abend nach Hause kam, war es krank, hätte fast ein Jahr „gelegen" und ein „groß Reißen im Bein" verspürt, das nur langsam zusammenwuchs und ihr letztendlich „zu kurz geworden".

Auf die dritte Frage, ob sich die Beschuldigte wegen dieses Verdachts im Nachbarort in ihren jetzigen Wohnort „eingeschlichen" hätte, bestätigte der Ortsschulze, sie hätte damals zwar bereits alles, was sie nicht mitnehmen konnte, „verkauft", wäre allerdings noch ein halbes Jahr im Nachbardorf wohnen geblieben, weil man sie im hiesigen Amt nicht haben wollte. Ihr Mann Martin hätte sehr oft darüber geklagt, dass sie nicht willkommen waren. Der Ortsschulze des Nachbardorfes hätte sie trotz inständigen Bittens natürlich auch nicht wieder aufnehmen können. Hier im Dorf wäre sie, „sobald sie ihr Zeug abgeladen" hatte, „wieder ausgeboten worden, aber dennoch geblieben." Der Herr Amtmann könnte die Sache damals womöglich vergessen haben. Christina Ziesing sagte, ihr hätten die Mittel gefehlt, die Miete im Nachbarort weiter zu bezahlen. Deswegen wären sie und ihr Mann notgedrungen ohne Genehmigung hierher, ins Haus ihres Sohnes, gezogen.

Die vierte Frage lautete, ob die Beschuldigte dem hiesigen Amt eine „Kundschaft", also einen Ausweis ihrer Unbescholtenheit, vom benachbarten Amt hätte bringen sollen und sie diese nicht erlangen konnte. Palm Kilian, der Bruder des verstorbenen Georg Kilian, war als Gerichtsschöffe zugegen gewesen, als man ihr dies auferlegt hatte. Der Großbauer und Gerichtsschöffe Hans Freiberg wusste zu berichten, dass der Ehemann der Beschuldigten das notwendige amtliche Schriftstück durchaus bekommen hatte. Aber seine Frau Christina konnte „wegen ihrer Person keine erlangen". Aus welcher Ursache, „wisse Zeuge nicht."

Die nächste Frage lautete, ob der verstorbene Georg Kilian seinen Kleinknecht geschickt hätte, um Schilfrohr in sein Gehöft zu bringen, und Christina Ziesing diesen darum gebeten hätte, ihr die heruntergefallenen Halme liegen zu lassen. Einige Zeugen hatten dies von „anderen Leuten" gehört, der Schulmeister sogar von Georg Kilian selbst.

Ob die alte Ziesingische deswegen geflucht und gedroht hätte? Die meisten Zeugen hatten es so von den Nachbarn gehört. Der angesehene Großbauer und Schöffe Hans Freiberg wusste noch, dass Georg Kilian auf dem Markt der benachbarten Stadt erkrankt, am folgenden Mittwoch „sprachlos" geworden und am Freitag gestorben wäre. Christina Ziesing konnte sich an den genauen Zeitpunkt nicht mehr erinnern. Jedenfalls sei Georg Kilian „auch sonst ein piprich Mann gewesen".

Die Frage, ob er ihr die Schuld an seinem Zustand gegeben hätte, wurde von mehreren Zeugen bejaht. Der Schulmeister war hinzugekommen, als der Todkranke den Mund schon nicht mehr öffnen konnte. Hans Freiberg hingegen hatte noch selbst gehört, wie Georg Kilian über die alte Ziesingische geklagt hatte. Diese beteuerte, sie wäre am Tod des Bauern unschuldig, wenngleich sie nicht leugnen konnte, dass er selbst „ihr solches" auf dem Totenbett „ins Gesichte gesaget".

Auf die nächste Frage, ob es wahr sei, dass sie auf diese Vorwürfe hin wortlos das Haus verlassen hatte, gaben die meisten Zeugen zur Antwort, die Nachbarinnen hätten es so erzählt. Christina Ziesing selbst gab es zu. Sie sei schwerhörig, hätte deswegen nichts verstanden und wäre gegangen.

Ob daher zu vermuten sei, dass sie dem Georg Kilian die Krankheit zugefügt hätte, wollte man nun wissen. Die Antwort des Schulmeisters lautete: „Man macht sich Gedanken." Die folgenden beiden Zeugen wussten es nicht. Der siebzehnjährige Knecht meinte, „es wäre fast zu befürchten." Der Großbauer und Schöffe Hans Freiberg vertrat die Auffassung, wenn sie wirklich so gedroht hätte, wie der Junge erzählte, wäre ihre Schuld wohl anzunehmen, er könnte es aber nicht genau wissen. Die Symptome des Kranken würden diese Annahme allerdings stützen, denn er hätte „keine Ruhe haben können und immer über den Hals geklagt".

Ob es wahr sei, dass seit dem nicht genehmigten Einzug der alten Ziesingischen bei ihrem Sohn dem Vieh des Nachbarn Hermann Schmidt allerlei Unglücksfälle zustießen und es nicht gemolken werden konnte? Gegenüber dem Schulmeister hätte er dies häufiger beklagt. Man „wisse aber nichts Genaues". Eine Zeugin äußerte sich, Schmidt hätte „ein hinkendes Rind gehabt, sonst wisse sie nichts." Christina Ziesing hingegen meinte, ihr Nachbar hätte nur eine alte Kuh von 23 Jahren. Wie diese gemolken werden könne, würde ein jeder leicht erraten.

Ob auch die Ehefrau dieses Nachbarn, als die Ziesingische nebenan wohnte, krank geworden wäre, wurde weiter gefragt. Der Schulmeister bejahte dies ebenso wie einige andere Zeugen. Man hätte sogar in der Kirche für die Gesundung gebetet. Die Gefangene erklärte die Beschwerden ihrer Nachbarin allerdings damit, dass sie von ihrem Mann so geschlagen worden wäre, dass „ihr die Därmen ausgingen".

Die nächste Frage, ob es wahr sei, dass der Nachbar Hermann Schmidt einmal den Drachen durch seinen Hof fliegen sah, beantwortete eine weitere Zeugin. Hermann Schmidt hätte es zu ihr „gerade heute auf'm Wege", als sie miteinander ins Amt zur Befragung gingen, gesagt. Der Nachbar selbst äußerte sich, er hätte „beim Tisch in der Stube am

Fenster gesessen und gesehen, daß es gar licht worden, als der Drache vorüber geflogen." Die Gans auf dem Hof hätte ihn angezischt. Seine Frau, die gerade draußen die Kuh molk, hätte sofort gerufen. Christina Ziesing hatte hingegen vom „Drachenfliegen nichts gehöret", den Drachen auch im ganzen Leben nie gesehen.

Die letzten Teile der Befragung bezogen sich auf den Brand im Dorf. Ob sie, weil man sie im Dorf nicht haben wollte, um dieses und das Amt zu schädigen, Feuer gelegt hätte? Die meisten Zeugen gaben an, es nicht zu wissen. Christina Ziesings Nachbar Hermann Schmidt meinte, sie „müsse es wissen". Der Schulmeister sagte, er hätte „sich Gedanken gemacht", könnte „ihr aber nicht gewiss Schuld geben". Palm Kilian vertrat die Auffassung, weil sie sich allein im Haus aufhielt, würde man auch annehmen können, dass sie Verursacherin des Brandes war. Auf die Frage, ob es wahr sei, dass im ganzen Dorf „eine gemeine Sage umgehe, wonach dieser Brand durch der alten Ziesingischen boshaftige Verwahrlosung verursachet" wurde, antwortete Palm Kilian, es könnte sich ein jeder leicht selbst denken. Sein siebzehnjähriger Kleinknecht meinte hingegen, die Leute redeten zwar, „wer könnte aber die Wahrheit wissen?"

Die nun protokollierten Aussagen wurden an die gelehrten Schöffen der Stadt Magdeburg mit der Bitte um Rechtsauskunft übersandt. Diese teilten mit Schreiben vom 14. Januar 1619 mit, die Beschuldigte sei zur Ergründung der Wahrheit noch einmal „peinlich", unter Anwendung der Folter, jedoch „menschlicher Weise", zu befragen. Daraufhin wurde für den 22. Januar 1619 der gräfliche Scharfrichter Nicolas Stengel auf das Schloss bestellt. Am späteren Abend stiegen er, seine Knechte und mehrere Amtspersonen – darunter auch Palm Kilian und Hans Freiberg als Schöffen im Landgericht – hinunter in die Gewölbe des Silberturms, wo die Gefängnisse lagen. Dort hatte die alte Ziesingische bereits drei Wintermonate fast gänzlich im Dunkeln verbracht. Für die gütliche und für die peinliche Befragung hatte der Amtsschreiber auf einem Blatt

Papier sorgfältig zwei Spalten vorbereitet. Man zeigte der Beschuldigten die Folterwerkzeuge im Einzelnen und begann dann mit der Befragung. Der Scharfrichter Nicolas Stengel benutzte hierbei anfangs Daumenschrauben und anschließend brennende Schwefelfäden, die unter den Achseln angezündet wurden. Für den folgenden dritten Grad der Folter hatte er noch ein selbst konstruiertes „Instrument" vorbereitet.

Christina Ziesing wusste, dass im hiesigen Amt mehrere Beschuldigte die Folter lebend überstanden hatten. Als willensstarke Frau hatte sie wohl auch deswegen alle Anschuldigungen verneint. Sechs von dreiundzwanzig Fragen, jeweils mit den verschiedenen Stufen des Verhörs, hatte sie bereits ausgehalten, als es zu einem Zwischenfall kam: Während die alte Ziesingische durch den Scharfrichter im Beisein der „Herren Beamten menschlicher Weise" verhört wurde, hätte „sich's begeben", dass sie mit dem „hierzu bereiteten Instrumente" dreimal nacheinander „gegriffen" wurde. Beim letzten Mal hätte der Scharfrichter plötzlich gesagt „sehet ihr Herrn, da sitzet der Schelm", womit er den Teufel meinte. Darauf hätte sie plötzlich den Kopf gesenkt, wurde losgelassen, auf das Stroh gelegt und „im geringsten sich nicht gereget". Am nächsten Morgen wurde sie „besichtigt" und nach zweimaligem Wenden festgestellt, „dass ihr das Genicke ganz entzwei, und um den Hals ganz braun und blau gewesen". Es wurde daher „nach menschlicher Vernunft angenommen", dass derjenige, dem sie gedient, ihr auch den Lohn gegeben hatte: Der Teufel, der sich nach Aussagen des Scharfrichters auf der Brust der Gefangenen wirklich habe fühlen lassen, hatte der alten Ziesingischen also während der Folter „den Hals abgebrochen". Der Scharfrichter fügte noch hinzu, dass bei ihm so etwas „in neulicher Zeit nicht vorgekommen" wäre.

Bereits zwei Tage später wurde vom Amtsschreiber eine Auflistung der angefallenen Kosten des Verfahrens vorgelegt, „die gefangene und abgeleibte alte Ziesingische" betreffend. Darin aufgenom-

men waren Gelder für den Botenlohn, für die Aktenführung und Getränke der Zeugen. Drei Taler und neun Groschen hatte allein der Scharfrichter am 22. Januar 1619 „beim Schankwirt", kurz vor dem Tod der Beschuldigten, „vertrunken". Zehn Groschen erhielten die Schinderknechte, die die Ziesingische begraben mussten, 18 Groschen Entschädigung die Schöffen Palm Kilian und Hans Freiberg, die bei der Folter zugesehen hatten. Insgesamt ergab sich eine Summe von 36 Talern und vier Groschen, die einen Wert von mehr als sechs Pferden hatten. Wer diese Summen aufbrachte, ist unbekannt. Martin Ziesing war bereits im Dezember 1618 gestorben, während seine Frau im Gefängnis saß.

Ihr Sohn Heinrich Ziesing, der als Nachthüter im Dorf wohnen blieb, erlebte noch, wie mit etwas Verspätung jener Krieg Einzug hielt, den man später den Dreißigjährigen nannte, und überdies „alhiero die Peste zu grassieren angefangen". In den Kirchenbüchern, die der Pfarrer nun zu führen begann, wurde vermerkt, dass Heinrich Ziesing, seine Ehefrau und seine Kinder zusammen mit Hans Freiberg beerdigt wurden, jenem Bauern und Schöffen, in dessen „Gartenhäuslein" es einst bei den alten Ziesings gebrannt hatte. Von 225 Menschen überlebten nur 84, unter ihnen der junge Knecht, der einst den Auftrag erhalten hatte, vor Christina Ziesings Tür Schilfhalme zusammenzufegen. Man weiß dies, weil zwei Jahre nach dem Krieg in gräflichem Auftrag eine Bestandsaufnahme im Dorf stattfand. Dabei schrieben die von Ruine zu Ruine gehenden Beamten 1650 ins Erbbuch: „Heinrich Ziesings wüste Stätte liegt neben Christoph Schmidts Hof. Man sagt, zwei Morgen Graß würden dazu gehören, es weiß aber niemand, wo dieselben gelegen."

Frau Zapotetzky meint, diese Geschichte könnte man eher im Schulunterricht verwenden. Die Ortschaftsrätin fragt, wie viele solche Prozesse es damals bei uns gegeben hat. Der Ortsbürgermeister sagt, nach seiner Kenntnis insgesamt acht, aber in sieben Fällen haben die Beschuldigten überlebt und kamen meist mit Landesverweisung davon. Peter E. hat gelesen, dass es in anderen Gegenden schlimmer war, und fügt hinzu, der Tod der alten Ziesingischen erfolgte offenbar versehentlich. Frau Zapotetzky gibt zu bedenken, dass ihr vielleicht doch manches erspart blieb, weil sie noch vor Krieg und Pest gestorben ist. Die ehemalige Russischlehrerin überlegt laut, wie man bei all dem noch an Gott glauben kann. Der Pfarrer erklärt, weil es auch Nachbarn gegeben hat, die die alte Ziesingische nicht beschuldigt haben. Wer wollte sich überdies ernsthaft vorstellen, dass sie ganz allein während der Folter ohne jeden Trost sterben musste und Gott nicht bei ihr gewesen wäre.

Hochzeit!

Außen blank und innen rein,
fleißig, fromm und sittsam sein,
so lockst Du wack're Freier!"

Damit sind bereits die Kriterien benannt, nach denen die Bräute in der guten alten Zeit ausgesucht wurden. Wichtig war und ist für alle Beteiligten daneben bis heute das Materielle, das bereits zur Verlobung, die mit Handschlag und Trauring besiegelt wurde, aufgelistet und aufgeteilt war. Danach hatte das werdende Brautpaar mehrere Wochen mit den Vorbereitungen einer Hochzeit zu tun.

Die Chance, eine Ehe zu einem Zeitpunkt zu schließen, von dem der Volksglaube sagte, es wäre der richtige, war gering. So galt zum Beispiel der angebliche Wonnemonat Mai hierzulande traditionell als Unglücksmonat. Im Sternzeichen des Krebses zu heiraten, war ebenfalls verpönt, weil die Entwicklung der ehelichen Partnerschaft rückläufig sein würde. Aus demselben Grund soll man nicht bei abnehmendem Mond heiraten. In unserem Dorf wurde der Freitag und in den unmittelbar benachbarten Orten der Montag, Mittwoch und Sonnabend als Hochzeitstage abgelehnt. Geeignet erschienen allenfalls Dienstag und Donnerstag, angeblich wegen der an diesen Tagen einstmals verehrten uralten Gottheiten, und am besten im Herbst, wenn die Scheunen voll waren, dafür war dann meist das Wetter schlecht. Bereits am Tag vor dem Hochzeitsfest schenkten die Brautleute einander etwas, jedoch keineswegs Küsse, sondern nützliche Sachen wie Gesangbücher oder sündhaft teure Brautschuhe. Ferner nahmen die engsten weiblichen Angehörigen das Herrichten des Brautbettes als eine sehr ernste Angelegenheit auf sich, während Freundinnen der Braut das Spinnrad schmückten und dar-

an kleine Geschenke und Süßigkeiten befestigten. Sodann wurde dieses mit dem Ehebett und dem Schrank auf den Brautwagen gestellt und am Hochzeitsmorgen samt Braut von deren Elternhaus unter Anteilnahme der Dorfjugend zum Bräutigam gefahren. Bereits während dieser Zeremonie wurde (und wird) helles und lebenserfrischendes Bier konsumiert. Wenn alles angekommen ist, darf der Ehemann – im Beisein einer nach Meinung des Ortsbürgermeisters höchst unangenehm johlenden Menge – zunächst Kissen des Brautbettes vom Wagen gegen Schnaps eintauschen usw.

Es ist überhaupt dieses permanente Johlen und die angeblich von allen Beteiligten gewünschte Öffentlichkeit für eine eigentlich doch private Angelegenheit mehr als anstrengend. Aber bis heute ist die Größe des Festes überaus wichtig, und die Mitwirkenden fühlen sich dabei wohl oder zumindest auf eine angenehme Weise unter Druck gesetzt.

Am Abend vor der Hochzeit, dem heute so genannten Polterabend, polterte man früher keineswegs. Kaputtes Geschirr und Geschenke gab es vielmehr erst am Hochzeitstag selbst, und zwar verbunden mit tiefer Symbolik, wie zum Beispiel einen für Fruchtbarkeit schlechthin stehenden lebendigen Hahn: hingebungsvolle Vorfreude auf weitere Stationen im Lauf des Lebenskreises. Bedroht wurde und wird das Glück allerdings durch solche Geschenke, die zweifach da sind, und insbesondere durch eine unglückliche Beschädigung der Brautschuhe oder des wunderschönen Kleides, dem bis heute etwas Heiliges anhaftet. Früher war es auch aus diesem Grund üblich, dass die Braut sich am Hochzeitstag drei- bis viermal umzog. Allein ihre Kleidung, die noch im vorletzten Jahrhundert schwarz war, hatte mitunter den Wert einer halben Ernte, nach heutigen Maßstäben also eines halben Jahreslohnes. Wertvoll und mit sehr viel Liebe und Aufwand hergestellt waren bereits die Seidentücher der Braut und der ebenfalls schwarze Anzug des Bräutigams. Das

Nähen des Haupt-Hochzeitskleides war der Braut traditionell verboten. Fertigen durfte es ihre beste Freundin, bei der es sich bis heute um die gefährlichste Rivalin des Ehemannes handelt, die mehr über ihn und seine Ehe weiß als er selbst. Beste Freundinnen – man nennt sie auch „Weißt Du, ich finde, er passt irgendwie nicht zu Dir"-Beste-Freundinnen – spielten und spielen überhaupt eine entscheidende Rolle im dörflichen Hochzeitsmilieu. Auf dem gemeinsamen Weg zur Kirche steckt man dem jungen Paar ein weiteres Mal allerlei fruchtbringende Mittelchen wie Leinsamen oder Flachshalme zu und insbesondere in die Brautschuhe. Wichtig ist daneben bis heute einerseits das Wetter auf dem Weg zur Kirche, aus dem man viel Unglück interpretieren kann, und andererseits, dass die Braut sich auf keinen Fall umdreht und gleichsam zurück zu ihren Eltern kehrt. Vor dem Altar verlangt die Tradition kleine Kämpfe zwischen Braut und Bräutigam, weil nicht allein diejenige, die zuerst den Fuß in die Kirche setzt, in den nächsten Jahren zu Hause die Oberhand behält, sondern insbesondere diejenige, die beim Handreichen am Altar den Daumen oben hält.

Eine Möglichkeit, Herr im Hause zu werden, bestand für den Bräutigam früher darin, während der Trauung den Fuß auf den der Braut zu stellen. Dies musste nicht einmal sanft geschehen, weil sie während der Trauung ohnehin Tränen vergießen sollte. Keinesfalls wurde die Braut, nachdem sie inmitten einer tobenden Menschenmenge endlich zu Hause angelangt war, über die Schwelle getragen. Vielmehr durfte sie ein Glas Rotwein rückwärts über ihren Kopf ausgießen und somit das Unglück verhüten. Dann durfte sie selbst über die Schwelle gehen.

Wahrhaft gigantisch waren und sind traditionell die Speisen und Getränke bei einer dörflichen Hochzeit. Der alte Pfarrer Samuel Benedict C. hat um 1760 einmal notiert, was man bei einem einzigen Fest verschmauste. Zwei Ochsen, acht Schweine, zehn Hammel, acht Kälber, mehr als 60 Hühner, zehn Fass Bier (je ca. 230 Liter), zwei Tonnen Branntwein (je ca. 115 Liter), zudem „viel Tobak", wofür extra „viele Dutzend" Pfeifen angeschafft wurden. Dem gesamten Dorf wurde am ersten Hochzeitstag ein Zehngängemenü serviert:

- *Hirse mit Reis gekocht, bestreut mit Zucker und Zimt*
- *Rindfleisch mit kleinen und großen Rosinen*
- *Hühner mit Reis*
- *Kalbskopf*
- *Fische in Weinbrühe*
- *mit Rosinenbrühe sauer zurechtgemachtes Schwein*
- *Kälber-, Hammel-, Puter- oder Hasenbraten, zweierlei Gemüse, Kohlsalat und Pflaumen*
- *Topfkuchen, dabei eine Schüssel mit spanischem Bort und noch eine mit Spritzkuchen*
- *Mustorte*
- *dreierlei Kuchen sowie Butter und Käse.*

Ein Hochzeitsfest konnte durchaus acht bis zehn Tage dauern. Bereits am zweiten Festtag gab es den eigentlichen Höhepunkt, da die Gesellschaft mit den Jungvermählten auf den Anger lief, um zu tanzen und der Braut den Kranz abzunehmen, seit jeher Zeichen der Jungfräulichkeit. Glück und Segen sollten danach eigenartigerweise zahlreiche Schläge bringen, die der Bräutigam kurzzeitig von seinen noch unverheirateten Altersgenossen bekam. Danach wurde mit Flinten in die Luft geschossen. Auch hierbei kannte eigentlich niemand den Grund, aber alle, die eine Flinte hatten, und das waren viele, machten mit. Beim abendlichen Tanz im Heim der Jungvermählten muss der Bräutigam bis heute mit jeder Frau tanzen, die teilweise jahrelang darauf gewartet hat, und seine junge Frau muss mit jedem Mann tanzen, mit dem Pfarrer angefangen. Danach werden der Braut die Augen verbunden, und sie soll unter den umstehenden Männern den ihrigen ertasten. Sobald dies dreimal glückt, wird das Spiel beendet. Das ‚Durchtanzen' der Nacht und der folgenden Nächte im Haus des jungen Paars ist häufig überliefert und wird regelmäßig aktuell bestätigt. In diesem Zusammenhang lässt sich anhand aufgehobener alter Rechnungen zeigen, dass nicht selten der massive Dielenfußboden durchbrach, bevor die Musikanten aufgaben. „So hat", schrieb Pfarrer Samuel Benedikt C., „die Hochzeit ein Ende und hinterläßt Reue und Kopfwehe, auch wohl Gewissensbisse in den Herzen der Gäste."

Rudel

Im Reiterhof tropft Blut von den Beinen des Wallachs Siegfried, der wie versteinert am Zaun steht. Bei der Fütterung am frühen Morgen war er noch wohlauf, jetzt muss Tierärztin Brunhilde B. die Wunden versorgen und nähen sowie Schmerzmittel verabreichen: „Schulter und Innenseite Schenkel aufgerissen." Über die mögliche Ursache der Verletzung äußert sich die Veterinärin nicht. Für die Besitzerin des Wallachs ist jedoch klar, es war der Wolf: Bereits am vergangenen Donnerstag war die dreijährige Schäferhündin Klara mit eingekniffenem Schwanz aus dem Gebüsch gekommen. Der Polizist sagt, dass er somit nicht zuständig und der Wolf hierzulande – vielen Dank, liebes Umweltministerium – unantastbar ist.

Auf der nächsten Sitzung stellt die Ortschaftsrätin daher erstmals eine Anfrage in ihrer Eigenschaft als Besitzerin des Wallachs Siegfried. „Werde ich mit dem Wolf allein gelassen?" Frau Zapotetzky ruft, dies ist keineswegs der Fall, denn das Dorf steht fast geschlossen hinter ihr. Der Ortsbürgermeister erläutert, der Wolf ist ein intelligentes Tier und meidet die Stadt. Es wäre daher nicht unlogisch, dass er sich in unserer Nähe aufhält. Allerdings sollte dies noch bewiesen werden. Der gut vorbereitete Herr Zapotetzky reicht jetzt ein paar Ausdrucke herum, denn einen eindeutigen Beweis gibt es schon lange. In einem nur acht Kilometer entfernten Waldstück löste die Wildtierkamera eines befreundeten Jägers vor zehn Tagen automatisch aus, als der Wolf den Bereich passierte. Damit ist eine sehr seltene Aufnahme bei Tageslicht gelungen und über soziale Netzwerke auch schon veröffentlicht worden. Herr Zapotetzky veranschaulicht in diesem Rahmen gern noch einmal die Situation für die Betroffenen: „Wenn ein Wolf Kälber zerreißt, dann nicht an der

Gurgel, sondern von hinten, soviel zum Tierwohl in diesem Land. Zukünftig müssen wir wohl auch noch unsere Gassi-Runden verlegen!“

Zwar wird man die Pferde des zwei Hektar großen Reiterhofes in der nächsten Zeit nachts in ihre Boxen sperren. Der Angriff fand allerdings am helllichten Tag statt! Eines der Mädchen, das den Reiterhof regelmäßig besucht, hatte bereits Alpträume. Wahrscheinlich ist es bald ein ganzes Rudel. Was passiert eigentlich, wenn der Wolf die Pferde scheu macht und ein Kind abgeworfen wird?

Auf Vorschlag des Ortsbürgermeisters werden zur nächsten Sitzung zwei Expertinnen eingeladen, die im Wolfskompetenzzentrum des Landes tätig und für die sehr seltene Einladung dankbar sind.

Da sie den Populationsstatus gerade auch im Biosphärenreservat dokumentieren, ist neben der direkten Suche im Gelände die Registrierung der Bevölkerung eine höchst wichtige Aufgabe im „Monitoring“. Dabei haben wir zwischen Rudelterritorium, Rudelterritorium ohne Reproduktion und Paarterritorium zu unterscheiden. Bislang lebten wir hier offenkundig in einem Rudelterritorium ohne Reproduktion. Zukünftig wohnen wir möglicherweise in einem Paarterritorium. Zudem erfahren die Anwesenden, dass die natürliche Wiederansiedlung der heimischen Tierart endlich ein stabiles Niveau erreicht hat: 22 Rudel und drei Paare mit insgesamt 150 Wölfen. Ob der Angriff auf Wallach Siegfried von einen Wolf ausging, bleibt allerdings unklar, denn DNA-Proben halten sich nur etwa 24 Stunden. Der Ortsbürgermeister erläutert, da wir alle unter Schock standen, haben wir im ersten Augenblick zu unserem Unglück nicht daran gedacht, den Wolfs-Expertinnen eine DNA-Probe zu übersenden. Er schlägt dankbar vor, zum Beispiel einen zusätzlichen Schutzzaun am Reiterhof zu bauen. Wer dürfte einen Antrag auf Förderung stellen? Die Betroffenen werden jetzt vom

Wolfskompetenzzentrum darüber informiert, dass es einen speziellen Schutzzaun für Pferde nur dann geben kann, wenn sie in einer Herde mit Fohlen leben. Diese sind jedoch zurzeit offenkundig nicht vorhanden. Frau Zapotetzky erwähnt, der verletzte Siegfried hat in der Vergangenheit erfolgreich an Turnieren teilgenommen und auf Landkreisebene mehrfach gewonnen, darunter Hindernisrennen. Tierärztin Brunhilde G. möchte erläutern, wie es mit der Behandlung weitergeht, ist aber im Gemurmel nicht mehr zu verstehen. Der Ortsbürgermeister bittet daher etwas lauter um Ruhe. Die Sozialpädagogin fragt die Expertinnen vom Wolfskompetenzzentrum, was wir tun sollten, wenn uns zukünftig, zum Beispiel mit dem Kinderwagen, ein Wolf begegnet. „Nicht neugierig sein!" Auch sollte man ihn keineswegs verscheuchen wollen: „Nicht die Konfrontation suchen, aber auch nicht ängstlich weglaufen. Der Wolf ist sensibel." Die Sozialpädagogin ergänzt, dass auch wir Menschen Empfindungen haben, und zuallererst sollten wir unsere Märchen ändern, dann haben wir zukünftig weniger Angst. Ihr Lebenspartner Siegward G. meint, am Ende streichelt und füttert Rotkäppchen noch den Wolf. Frau Zapotetzky sagt, es geht ihr als Landwirtin sehr nahe, und der Riss geht durch die Familien. Warum tut man uns das an? Die Wolfsexpertinnen beschreiben sachlich, wie sie zukünftig gern auch die Herkunft und mögliche Wanderbewegungen anhand von DNA-Proben ermitteln können, sogar für länderübergreifende Rudel. Frau Zapotetzky erklärt, dass sie dies auch ohne ein Wolfskompetenzzentrum tun kann, welches übrigens 500.000 Euro im Jahr verschlingt, während unsere Straßen nicht saniert werden: In letzter Zeit hatten wir Niedrigwasser, und der Wolf kommt vom anderen Ufer. Überdies verzichtet sie gern auf genealogische Studien, zumal jedermann weiß, dass der Wolf absichtlich aus Polen importiert wurde; sein sonstiger Familienstammbaum ist ihr schnuppe!

Die Sozialpädagogin fügt hinzu, es kommt jetzt darauf an, wie man uns in diesem Biosphärenreservat abholt. Nach Aussagen von Frau Zapotetzky ist es hierfür schon zu spät und sicherlich allen Beteiligten klar, dass die Umweltministerin auf ihrem Balkon in der Landeshauptstadt keinen Besuch vom Wolf bekommt. Welche Rentnerin traut sich jetzt noch mit dem Rollator in den Wald? Die Expertinnen versichern, dass man selbst in einem solchen Dorf etwas tun kann, sobald der Wolf am Rande des Reservates auffällig wird. Sie haben offenbar nicht damit gerechnet, dass Siegward G. fragt, was das konkret bedeutet, sind jedoch gut vorbereitet:

„Auffällig verhalten sich Wölfe, wenn sie sich nicht davon abhalten lassen, Menschen zu gefährden oder Nutztiere zu töten. Tritt bei einem Wolf ein derartiges Verhalten wiederholt und mit steigender Intensität auf, kann er vergrämt werden, das bedeutet vertrieben. Das Vergrämen muss natürlich im Einzelfall in Abstimmung mit dem Wolfskompetenzzentrum und im Einvernehmen mit dem Umweltministerium durch das Landesverwaltungsamt beschlossen werden."

Die Expertinnen möchten jetzt noch zugeben, dass in diesem Bundesland bislang kein einziger Wolf vergrämt wurde, aber dafür gibt es ganz neue Möglichkeiten der Totfund-Analytik. Die Situation bei Nutztierrissen ist überhaupt eine besondere. Trotz der leicht gestiegenen Wolfspopulation ging nämlich die Zahl der Übergriffe deutlich zurück. Eine Beratung durch das Land zahlt sich also aus. Der Ortsbürgermeister möchte sich als offizieller Moderator nicht zu sehr einmischen, fragt aber dennoch an, ob man den Rückgang der Übergriffe neben der guten Beratung möglicherweise auch darauf zurückführen könnte, dass viele Tierhalter die Angriffe nicht mehr melden – zum Beispiel, weil sie den bürokratischen Aufwand scheuen und es ihnen auch sonst nichts bringt. Frau Zapotetzky wartet die Antwort natürlich nicht ab und ruft dem Wolfskompetenzzentrum zu:

„Falls Sie mal aus dem Wald in Richtung unseres Dorfes schauen sollten: Da draußen gibt es höchstwahrscheinlich Leben! Vor zehn Jahren waren es landesweit neun tote Schafe, jetzt sind es 290 tote Schafe, 18 tote Ziegen und 11 tote Rinder!“

Die Behörden-Vertreterinnen machen Frau Zapotetzky höflich darauf aufmerksam, dass es vielleicht schon im kommenden Jahr zur Aufnahme des Wolfs in das Jagdrecht kommt. Nicht gerechnet hat man wiederum mit Jagdpächter Siegward G., der erfreut nachhakt, ob man den Wolf dann auch tatsächlich erschießen darf. Die grundehrliche Antwort der Expertinnen lautet: „Nein, eigentlich nicht, denn auch im Jagdrecht gilt derzeit für den Wolf eine ganzjährige Schonzeit.“

Nachdem sie die Anwesenden freundlich aufgefordert haben, zukünftig das Sammeln verstreuter Kadaverteile zu unterlassen und möglichst keine Spuren zu zertreten, schlägt der Ortsbürgermeister vor, vielleicht auch angesichts der Unruhe im Saal an dieser Stelle einen Schnitt zu machen. Hinter dem Vorhang stehen nach alter Tradition zwei Kästen Bier der Region und zwei Flaschen Sprudelwasser. Eine der Expertinnen wiederholt noch nüchtern und tapfer: „In dem vom Jagdrecht zu unterscheidenden Naturschutzrecht kann man den Wolf unter den genannten Voraussetzungen schon heute entnehmen!“ Nach dem daran anknüpfenden „Zum Wohl!“ des Ortsbürgermeisters erklärt der Vorsitzende der Jagdgenossenschaft beim Plaudern, dass der Wolf eigentlich gar nicht in seine Urlandschaft, sondern trotz der hiesigen Gesamtsituation in eine Kulturlandschaft kommt. Er möchte daher vorschlagen, den Wolf auf dem Truppenübungsplatz anzusiedeln, dort sind die Kosten bei Folgeschäden viel geringer.

Eine Woche später vernimmt der Ortsbürgermeister nachts halb zwei einen Sirenenton, denn im sozialen Netzwerk sorgt ein totes Tier am Straßenrand auf der Brücke in Richtung Biosphärenreservat ein weiteres Mal für Aufregung. Der Verdacht macht die Runde, dass es sich um einen Wolfswelpen handelt, der vor ein Auto lief. Die Polizei hat den Unfall bereits aufgenommen und die Jagdgenossenschaft informiert, die sich um den Kadaver kümmern soll. Als der Ortsbürgermeister bei vernebeltem Vollmond mit seiner Taschenlampe zum Ort des Geschehens kommt, trifft er auf Jagdpächter Siegward G. und seine Sozialpädagogin, die einander glücklich in die Augen schauen: „Nur ein toter Fuchs."

„Wer das liest ist doff.“ Modern denken!

Sie leben in Bäumen und zeigen sich nur morgens und abends bei der Nahrungsaufnahme, stets bis an die Zähne bewaffnet. Ihre Oberkörper sind so gut wie nie bekleidet, dafür fast flächendeckend tätowiert: Schiefe Totenschädel, Blutstropfen, manchmal ‚Sixpacks‘, mit Buntstiften auf den Bauch gezeichnet, oder Farbbilder aus irgendwelchen Schokoladen-Packungen samt Schokolade draufgeschmiert; zusätzlich auf Wange und Stirn, nach zehn Versuchen nicht abzuwaschen. In den Mundwinkeln kleben Reste illegal erworbener Energydrinks. Ihre Füße sind schlammig und voller kleiner Schnecken. Gruppenstiftende Zuwendung ermöglicht ihnen die gegenseitige Hilfe beim Fabrizieren krakeliger Schriftzüge auf den Unterarmen („Wer das liest ist doff.“), nicht selten auch spiegelverkehrt die Namen lokaler Musikbands. Ein Kamm befindet sich durchaus beim Überlebenspaket in Nähe des Futterplatzes, wird aber nie verwendet. Die lokale Mundart nennt sie „Moorrüpel“ und „Frätbalg“, was immer dies ursprünglich bedeuten sollte. Was es aber heute heißt und meint, können all diejenigen beurteilen, die es miterleben: Sie sind unter uns, ihnen gehört alles, die Angel, die Luftpumpe, die Katze, der Feuerlöscher, die Moral, die PIN, die Friedhofsmauer.

Zwischen Juli und September sowie an jedem Sommerwochenende machen sie die Gegend unsicher, unberechenbar und überaus stolz darauf. Wenn es stark regnet, ziehen sie nomadenartig von Haus zu Haus, naschen sich durch und ruinieren den Schlafplatz ihres jeweiligen Wirts. Es ist besser, ihnen so weit wie möglich entgegenzukommen.

Rein spielzeugtechnisch ist dies allerdings momentan nicht leicht. Schaukel, Reckstange und Rutsche kamen aufgrund verfaulter Unterkonstruktionen bereits vor drei Monaten nicht mehr durch den TÜV. Auch die Wippe wurde abgeschraubt, liegt nun auf dem Bauhof der Einheitsgemeinde und verrottet. Geblieben ist auf durchwachsenem Sand ein zerkratztes Federwippentier aus Holz, das ursprünglich einen Marienkäfer darstellen sollte und nun aussieht wie ein verfaulter Bovist.

Auf der Tagesordnung der nächsten Sitzung des Ortschaftsrates steht daher „Gedankenaustausch zur Neuerrichtung eines Spielplatzes“. Die Mitarbeiterin der Verwaltung offenbart an dieser Stelle einleitend ihre poetische Ader, indem sie auf eine Schlange hinweist, die sich in Form eines Drahtseiles um den Hals unserer nichts ahnenden Kommune legt. Diese muss das Seil aufgrund der fälligen Revision für die Fähre erwerben, und leider kommen die 20.000 Euro für die Reparatur wieder einmal aus der Position „Freiwillige Aufgaben“ im städtischen Haushalt. Für einen Kinderspielplatz außerhalb des Grundzentrums bleibt daher in keiner der weiteren sechs Ortschaften etwas übrig. Die Ortschaftsrätin meint, die Reparatur unserer Gierseil-Fähre dient einer öffentlichen Verkehrsverbindung und ist daher überhaupt keine freiwillige Aufgabe, sonst könnten wir nämlich beschließen, die Fähre dichtzumachen. Siegward G. ist dafür, dies jetzt auch endlich mal zu tun. Die Mitarbeiterin der Verwaltung erklärt, das dürfen wir nicht, denn es werden an beiden Ufern Teile einer Kreisstraße miteinander verbunden. Dazu sind wir gesetzlich verpflichtet. Im Übrigen sollten wir als Kommune mal aufhören, wie ein Wirtschaftsunternehmen zu denken, denn es gibt auch emotionale Haltefaktoren und auf der anderen Seite unsere Schwiegereltern. Die Problemlage ist doch ganz einfach: Revisionskosten von Fähren, die als landesbedeutsam eingestuft, aber von Kommunen betrieben werden, sind vom Land großenteils zu tragen. Unsere Fähre ist allerdings regional bedeutsam. Erde an Ortschaftsrat: Regional bedeutsam heißt nicht landesbedeutsam! Die Entfernung zur nächstgelegenen Brücke beträgt nur 13 Kilometer, und deren Benutzung ist für die Berufspendlerinnen und Berufspendler nicht mit einem hohen Aufwand verbunden. In letzter Zeit haben wir ohnehin ständig Niedrigwasser, weshalb die Fähre kaum noch fährt. Wenn sie im Trockenen kaputt geht, müssen wir als Kommune zwar alles bezahlen, einfach schließen dürfen wir die Fähre aber trotzdem nicht. Siegward G. meint, wir könnten die Fähre auch mal nachts versenken. Der Ortsbürgermeister möchte jetzt ausnahmsweise amtliches Deutsch sprechen, in der Hoffnung verstanden zu werden, denn die Kriterien für die Einstufung als landesbedeutsame Fähre stehen doch klar und deutlich im Eingangsparagrafen des im Landtag vorgeschlagenen Fährfinanzierungsgesetzes. Unsere Fähre liegt zwar – wie seitens der Verwaltung durchaus richtig festgestellt wurde – im Verlauf einer Kreisstraße, aber diese verbindet doch offenkundig zwei überregional bedeutsame Landesstraßen im übergeordneten Straßennetz und dient daher für jedermann erkennbar der Bildung oder Vervollständigung eines flächendeckenden Verkehrsnetzes! Der Betrieb dieser unserer uralten Fähre ist somit sehr wohl landesbedeutsam! Unser Land hat dies lediglich noch nicht festgestellt. Jedenfalls muss die Fähre als Pflichtaufgabe der Kommune zur Daseinsvorsorge definiert werden und ein Landeszuschuss zum Ausgleich der Betriebskostendefizite von circa 100 Prozent erfolgen! Dass eine Pflichtaufgabe seit Menschengedenken keine freiwillige Aufgabe ist, haben wir im Stadtrat und im Kreistag angesprochen und auch das Verkehrsministerium schon x-mal darauf hingewiesen. Das Ergebnis ist ein langer Schriftverkehr.

Aufgelöst wird die Debatte jetzt durch den Pfarrer, welcher die Anwesenden mit dem angeblich letzten Satz Doktor Martin Luthers tröstet – „Wir sind Bettler, das ist wahr.“ – und sich daran anknüpfend als Seelsorger wünscht, trotz der Höchstform des Ortsbürgermeisters auf den Tagesordnungspunkt „Gedankenaustausch zur Neuerrichtung eines Spielplatzes" zurückzukommen. Erfrischend unbürokratisch geht es weiter, denn einstimmig wird beschlossen, dass wir uns um das Geld für unseren Spielplatz lieber selbst kümmern.

Konkret bedeutet dies, dass wir in den nächsten Wochen bei den Eltern und Großeltern sammeln und der Ortsbürgermeister als Vorsitzender des Heimatvereins einen Antrag auf Förderung bei der Sparkassenstiftung des Landkreises stellt. Für diese ist es allerdings der zwölfte Spielplatz-Antrag im laufenden Jahr. Und weil sie vor sechs Monaten bereits den Erwerb mehrerer Päonien der regionalen Sorten „Abendglut", „Eiskelch" und „Schneegestöber" im Rahmen einer ehrenamtlichen Pflanzaktion förderte, muss eine nochmalige Unterstützung unseres Ortes im Folgejahr leider abgelehnt werden.

Zu verkünden hat dies der Ortsbürgermeister auf der nächsten Sitzung des Ortschaftsrates. Geht es darum, lange Reden zu schwingen und über Pläne zu philosophieren, ist er übrigens nach Aussage von Frau Zapotetzky stets zur Stelle. Aktuell geht es jedoch um eine Aktivierung der Tatkräftigen im Dorf, die nicht lange fackeln und selbst anpacken. Der so Angesprochene hat schon vor Augen, wie konsequent Ordnungsamt und TÜV mit den selbst entworfenen Spielgeräten der Hobby-Handwerker-Familie Zapotetzky verfahren werden und was dies wieder auslösen wird. Daher erwidert er höflich, dass er sehr dankbar für die angekündigte Eigeninitiative der Zapotetzkys und besonders für die damit verbundene Inspiration ist – denn, so kryptisch es zunächst klingen mag, wenn die Arche Noah bereits die Überlebenden einer Sintflut im Südkaukasus behütete, dann, so kann man begründet vermuten, ist es doch wohl nicht ganz unwahrscheinlich, dass die Kontakte in diese Himmelsrichtung, über die wir seit einem Schüleraustausch verfügen, jetzt auch unseren Spielplatz-Antrag retten, während andere untergehen. Unsere moderne Wippe sollte nämlich heute nicht einfach ein Spielgerät sein, sondern ein zeitgemäßes Symbol der internationalen Friedensliebe. Siegward G. meint, wir können Anträge immer ganz gut formulieren, und wenn das nicht gefördert wird, versteht er die Welt nicht mehr. Die Ortschaftsrätin äußert, das Geheimnis ist groß. Zudem müsste es seriös sein, sonst wird es wieder nur eine Märchen- oder Bibelstunde esoterisch veranlagter Lokalpolitiker. Daher benötigen wir zum Beispiel tatsächliche internationale Kontakte und Vorab-Informationen vom ehemaligen Austauschschüler Lars L, der Leseratte, die sich allerdings nicht einmal traut, beim Heimatfest das Eintritt-Kassieren zu übernehmen und sich dabei vorhalten zu lassen, dass es im Nachbardorf nur 2,50 Euro kostet, während wir Blutsauger drei Euro nehmen. Man müsste die Leseratte Lars L., die überdies nicht Fußball spielt und auch nicht in der Feuerwehr ist, jetzt einmal herauslocken, damit sie uns solidarisch ihre Einblicke in den Südkaukasus schildert. Als Unwissende im ländlichen Raum und noch dazu jenseits des Grundzentrums mit der Bibliothek können wir nämlich sonst keineswegs einen zeitgemäßen Wippen- und Spielplatz-Entwurf einbringen.

Lars L. ist überraschenderweise durchaus bereit und blüht bei seinem fantastischen Reisebericht im Rahmen eines gut besuchten Planungstreffens im Gemeindehaus regelrecht auf. Einleitend erwähnt er bescheiden und trauernd, dass er im Herbst letzten Jahres lediglich für fünf Wochen als Gastschüler in Armenien war, was in diesem Dorf aber offenbar nur dann von Interesse ist, wenn wir zufällig mal eine Wippe benötigen. Die meisten Frauen dort möchten blond sein, was sie jedoch von Natur aus nicht sind. Dies liegt vor allem an den Werbeplakaten einer geldgierigen Kosmetikindustrie und dem Patriarchat. Anders als bei uns haben nämlich in Armenien die Männer das Sagen, solange sie gut verdienen. Derzeit verdienen sie jedoch häufig nichts, weshalb das Dilemma groß ist. Nicht wenige von ihnen sind nun als Gastarbeiter in Russland tätig und monatelang nicht da. Hinsichtlich des Umgangs mit uns Homosexuellen sowie Trans-Personen sollten wir uns lieber nicht zu weit aus dem Fenster lehnen und nicht vergessen, wie es hierzulande noch vor dreißig Jahren war.

Frau Zapotetzky flüstert gut hörbar: „Soviel zu den zentralen gesellschaftlichen Themen."

Das Land ist wunderschön, aber leider bitterarm. Wer keinen Obstgarten oder Verwandten im Ausland hat, der Devisen schickt, hat Pech. Man ist übrigens sehr stolz auf Armenien und insbesondere einen Armenier, der einstmals die Hundert-Dollar-Banknote gestaltete, und noch auf einen Komponisten und einen armenischen Chansonsänger aus Frankreich, deren Namen die Leseratte Lars L. aber jetzt nicht parat hat. Auch haben sie vor kurzem in einer armenischen Höhle den ersten Schuh der Welt gefunden und suchen jetzt weiter. Ferner haben sie den ältesten Wein. Auf manchen Äckern ragen überall Tontöpfe aus der Erde, die so ungefähr viertausend Jahre alt sind. Das Essen ist der Wahnsinn, Obst und Gemüse sind allesamt Bio, nur ohne Produktmarke. Unsere Wurst würde dort niemand freiwillig zu sich nehmen, weil man nämlich nicht wissen kann, was drin ist. Lieber grillen die Armenier ganze Fleischstücke an langen Spießen mit Zwiebeln, Paprika und Kartoffeln. Diese legt man aber nicht auf einen Gitterrost, sondern hängt sie in heiße Erdlöcher, die mit Lehm ausgekleidet sind. Da das Fett als Hauptgeschmacksträger somit nach unten läuft, muss man kaum würzen. Allerdings haben sie hervorragende Gewürze, zum Beispiel Koriander, die anderen sind unaussprechlich. Regelmäßig klatschen sie dünne Teigfladen für nur wenige Sekunden an die innere Wand ihres heißen Lehmofens und wickeln in das so entstandene dünne Brot, das sie Lawasch nennen, alles Mögliche ein, zum Beispiel Käse und Weintrauben. Viele von ihnen würden gern mit den Türken handeln, geben dies aber nicht zu, da sie seit langem verfeindet sind. Weinblätter, die sie zusammengefaltet in Salzlake für den Winter haltbar machen, werden von beiden Seiten noch für eine Art Kohlroulade verwendet. Einem Schaf streut der Priester sonntags vor der Kirche Salz auf die Nase, wodurch es gesegnet wird. Dann opfert es der Familienvater, wonach die Kinder eine hierfür gegossene Betonplatte mit dem Gartenschlauch abwaschen, und alle Angehörigen essen es dann gekocht – mit großem Respekt vor dem Tier und Appetit. Wirklich geopfert und in Gruben hinterlegt werden in Wahrheit nur das Fell und die Hörner. Die Stadt Jerewan ist voller Hunde und Katzen, die nach Einbruch der Dunkelheit irgendwie durchgefüttert werden. Nicht wenige von ihnen leben in den Müllschächten der Hochhäuser. Die meisten Menschen können nicht Fahrradfahren. Radwege gibt es kaum. Dafür hat scheinbar fast jeder ein Taxi und jeder irgendeinen Laden. Alles, was man dort kauft, wird in eine Plastik-Tüte eingewickelt, auch wenn es nur eine Schachtel Streichhölzer ist. Daher fliegen bei starkem Wind überall Tüten durch die Gegend. Die Autos fahren nicht mit Sprit, sondern haben hinten im Kofferraum Gastanks aus Russland. Dennoch rasen sie wie die Henker. Ihre Musik ist rhythmisch. Man unterscheidet nicht zwischen Volksmusik, volkstümlicher Musik, Rockmusik und so weiter, sondern hört alles durcheinander, auch wenn man jugendlich ist. Mindestens jeden Freitag tanzen sie öffentlich an einem festgelegten Ort, so wie wir beim Heimatfest. Dabei haken sie allerdings die kleinen Finger ineinander und bilden einen riesigen Kreis. Öffentlich eine offene Bierflasche in der Hand zu halten oder gar daraus zu trinken, ist undenkbar. Das Auto ist der eigentliche Lebensmittelpunkt und neben der Familie und der Bildung heilig. In der kleinsten Hütte gibt es Bücher. Als man die Armenier vor hundert Jahren beinahe auslöschte, haben sie zuerst ihre Bücher gerettet. Die Mädchen in der Schule sind fleißig. Die kleinen Jungs machen von Anfang an, was sie wollen. Überaus wichtig ist die Gastfreundschaft, wobei gern geteilt wird, auch wenn beinahe nichts da ist, und grundsätzlich mehr bereitgestellt wird, als eigentlich da ist. Ferner herrscht Kriegszustand, und es gibt immer wieder blutige Schusswechsel mit den Nachbarn und nicht wenige tote neunzehnjährige Soldaten, die als Helden verehrt und deren Porträts blumengeschmückt in der Schule aufgehängt werden, in die sie noch vor kurzem gingen – was wir uns alle hier nicht vorstellen können. Als Symbol einer Verbindung dank der Schulpartnerschaft könnten wir die Aprikose ansehen. Denn Armenien ist das Land der Aprikosen. Sogar die einstigen armenischen Könige haben sich aprikosenfarben gekleidet.

Überdies wachsen Aprikosen auch ohne großen Aufwand bei uns und könnten in Nähe des Jugendklubs leicht bewässert werden. Abschließend möchte Lars L. noch beifügen, dass die Armenier unsere Frauen für vermännlicht, unsere Männer für humorlos und Deutsche allgemein für gefühlskalt und nicht besonders gastfreundlich halten. Höflich belächeln sie unser Essen, schätzen allerdings unser Bier und loben – in diesem Dorf ein wahrlich schöner Witz – unsere Straßen!

Herr Zapotetzky schlägt vor, dann doch Spaßes halber einmal den armenischen Botschafter einzuladen, der sich auf unserer Kreisstraße sicher ganz wie zu Hause fühlen wird. Der Ortsbürgermeister sagt hierzu nichts.

Der Pfarrer pflanzt einen von Peter E. selbst gezogenen Aprikosenbaum vor dem Gelände des neuen Spielplatzes und der Ortsbürgermeister zwingt die Leseratte Lars L., ein Foto davon um die halbe

Welt zu schicken. Das Ergebnis ist ein Schock in einem kleinen armenischen Dorf und dessen feierlich übermittelte Bereitschaft zu einer Dorfpartnerschaft! Parallel stellt der Heimatverein den nächsten Antrag auf Förderung eines Spielplatzes, dieses Mal mit traditioneller armenischer Aprikosen- und deutscher Zuckerrüben-Emblematik. Der mithilfe des Ex-Austauschschülers Lars. L. etwas blumiger formulierte Plan dieses weltweiten Friedens- und Freundschaftssymbols ist nach drei Wochen amtlich für gut befunden worden. In den sozialen Netzwerken weckt die dörfliche Initiative ein solches Interesse, dass nicht allein die Kreiszeitung vorab darüber berichtet, sondern auch eine Kommission des Netzwerks für Demokratie und Toleranz, angebunden an das Innenministerium, ihren Besuch ankündigt.

Die vor der Bewilligung und somit illegal von einem professionellen Schnitzer vorausschauend und heimlich beigefügten Aprikosen-Applikationen auf den Hölzern für die Wippe, der Schaukel und dem Ackerwagen-Klettergerüst bedeuten lediglich einen Mehraufwand von vertretbaren 700,00 Euro, die wir auf Basis unserer Erntedankfest-Spenden als Heimatverein verauslagen. Farbig gestaltet wird die Frucht-Symbolik ebenso wie die deutsche Zuckerrüben-Dekoration in der Garage von Peter E. mit Unterstützung einer kreativen Kunstlehrerin. Dank der kostenlos zur Verfügung gestellten Technik unserer Agrargenossenschaft kann von acht Vätern in drei Stunden ein riesiges Loch ausgehoben werden, von dem Siegward G. spaßig meint, noch zwei Meter, und wir sind schon in Armenien. Daneben liegt am Folgetag eine Spende des Kieswerks im Umfang von 30 Tonnen Sand.

Der Ortsbürgermeister macht mit seinem Hof-Kater einen Dorfspaziergang inklusive Einladungspostwurfsendung und kann am übernächsten Wochenende bei leichtem Nieselwetter nicht ohne Stolz zahlreiche Helferinnen und Helfer zum Subbotnik begrüßen.

Einleitend wird noch einmal öffentlich das Credo der Familie Zapotetzky gelobt: Wer sich über Dinge aufregt, zu deren Besserung man selbst – zum Beispiel im Rahmen eines solchen Arbeitseinsatzes – beitragen kann, soll ruhig mal die sprichwörtliche Schippe in die Hand nehmen.

Mit Schubkarren werden *peu à peu* die 30 Tonnen Sand in der Grube verteilt und Betonfundamente für die Spielgeräte eingebracht. Durch den erdigen Untergrund verwandelt sich der Weg bei zunehmendem Regen zwar in eine rutschige Schlammpiste, aber das hält die Heldinnen und Helden dieses Wochenendes nicht auf. Während nach sorgfältiger Zählung durch Frau Zapotetzky 48 Menschen den Sand mit Harken verteilen, verdichtet und glättet ihr Ehemann die Steinchen mit der Rüttelplatte. Dann wird an der pfahlartigen Spielplatzumgrenzung gearbeitet, deren Palisaden, die zum Aprikosenbäumchen führen sollen, zum Teil nicht mehr sichtbar sind und ausgegraben werden müssen. Jugendliche und jung Gebliebene holen die eingesunkenen, zum Teil stark verfaulten Pfähle aus dem Boden und ersetzen sie durch neue Hölzer.

Als der angenehm anstrengende Tag endlich mit zwei Kästen Bier der Region, die im Dorfteich gekühlt wurden, zur Neige geht, kommt plötzlich aufgeregt Frau R. um die Ecke und möchte dringend den Ortsbürgermeister unter vier Augen sprechen. Sie nimmt ihn beiseite und übermittelt leise eine wichtige Nachricht: Auf dem Grundstück ihrer Nachbarn weht die Reichskriegsflagge! Frau R. möchte daher den Staatsschutz einschalten und die Grundstückseigentümer schnellstmöglich anzeigen. Allerdings fände sie es noch besser, wenn der Ortsbürgermeister dies tun würde. Dieser meint, das darf auf keinen Fall passieren, schnappt sich spontan einen herumlümmelnden siebenjährigen Moorrüpel sowie einen nichts ahnenden Frätbalg und klingelt, mit diesen an der Hand, beim Reichskriegsflaggen-Haus. Als die Besitzerin öffnet, fragt er höflich, ob sie nicht bitte einmal die Reichskriegsflagge herunternehmen könnte. Bei einem spontan auf dem Hof bereitgestellten weiteren Kaltgetränk sowie einem Lolli für den Kleinsten erklären beide Eheleute, die Fahne hängt und steht hier für eine innere Überzeugung, und in dem Berliner Viertel, in dem ihre Tochter damals wohnte, wäre das überhaupt kein Problem gewesen. Auch haben unsere Urgroßväter unter der Reichskriegsflagge tapfer gekämpft. Manche haben unter dieser Fahne sogar ihr Leben hingegeben, was jedoch heute nicht mehr gewürdigt wird. Der Ortsbürgermeister antwortet, damals, als sie so tapfer kämpften, hatten sie auch keine andere Fahne, und rein rechtlich betrachtet, ist das Hissen hier am Dorfrand auf dem eigenen Grundstück bislang nicht verboten. Allerdings gibt es schon erste Initiativen, es zu verbieten, seines Wissens in Bayern. Unabhängig davon kommt morgen Vormittag eine Demokratie-und-Toleranz-Kommission zu Besuch, die kurzfristig unser weltoffenes Spielplatz-Projekt begutachtet und den Empfang mit einer Reichskriegsflagge sehr wahrscheinlich nicht gut finden wird. Es wäre daher für uns alle und besonders die Kleinsten hilfreich, wenn die Fahne zukünftig gar nicht oder allenfalls in der Scheune gehisst wird. Wir haben hier heute leider keine Zeit für die große Politik, werden aber, da es ohnehin in jeder Ortschaftsrats-Sitzung auch um die UNO geht, alles nachholen. Dabei haben natürlich alle ein Rederecht. Abschließend dankt er dem Ehepaar noch einmal höflich für die Mithilfe beim heutigen ehrenamtlichen Schippen und Harken auf unserem neuen deutsch-armenischen Spielplatz. Auch verspricht er, sich zeitnah darum zu kümmern, dass die Kommune den Wassereinlauf von der kaputten Straße auf ihr Grundstück bei Starkregen durch Bordsteine unterbindet. Die so Geehrten bedauern sehr, dass sie heute ausnahmsweise schon am frühen Nachmittag vom Subbotnik wegmussten, und wünschen noch einen schönen Ausklang.

Am Folgetag wird der Kommission für Demokratie und Toleranz 9:00 Uhr im Gemeindehaus zur Begrüßung ein originaler armenischer Ararat-Kognak gereicht, der allerdings um diese Tageszeit abgelehnt und nur von Siegward G. zweimal gern genommen wird. Zum Ausgleich vernaschen alle etwa ein Kilo armenisches Grand-Candy-Konfekt, das heißt von Schokolade umhüllte getrocknete Aprikosen und somit eine kleine Anspielung, die die Partnerschule kürzlich schickte. Der Ortsbürgermeister hat bereits beim Sonnenaufgang und nochmals gegen 8:30 Uhr während des Kaffeekochens beim Blick aus dem Fenster des Gemeindehauses in Seelenruhe festgestellt, dass die Reichskriegsflagge am heutigen Morgen nicht gehisst wurde. Ohne davon zu wissen, lobt die Kommission so viel Initiative in unserem Dorf und besonders den Umgang mit anderen Kulturen in einer für die Demokratie schwierigen Zeit. Gern wird hierzu einmal der Bundespräsident zitiert: „Die Demokratie stirbt, wenn sie gleichgültig wird." Kurz vor Schluss, beim obligatorischen Rundgang durch den Ort, entdeckt eine Fachvertreterin in diesem Zusammenhang allerdings noch das alte Bismarck-Denkmal, vor dem ein trockener Blumenstrauß liegt, und fragt mit leiser Stimme und sichtlich betroffen, ob wir hier eigentlich wissen, was Bismarck gemacht hat. Abgesehen von den vielen Kriegen, die er anzettelte, erwarb Deutschland unter seiner Regierung Kolonien! Wie man die Menschen dort behandelte, müsste heutzutage eigentlich überall bekannt sein: Man hat ihnen die wirtschaftliche und kulturelle Eigenständigkeit genommen und ihre über Jahrhunderte gewachsenen Traditionen vernichtet. Gemeinsam sollten wir daher einmal überlegen, ob ein Bismarck-Denkmal an diesem Ort mit einem so schönen armenisch-deutschen Aprikosenbaum für Weltoffenheit stehen kann. Der Ortsbürgermeister erwidert, darüber haben wir zugegebenermaßen bislang noch nicht nachgedacht, aber wir leben ja hier auch etwas abseits, und Bismarck ist vielleicht auch deswegen bei uns, weil die Welt hier fünfzig Jahre später untergeht – kleiner Scherz. Natürlich werden wir uns ganz intensiv damit auseinandersetzen, sobald der dankenswerterweise geförderte Spielplatz steht. Die Kleinsten müssen dann auch nicht mehr auf dem gefährlichen Bismarck-Denkmal herumklettern. Bereits zum heutigen Anlass bereiteten sie für die Kommission, die es sich nicht nehmen ließ, in unser Dorf zu kommen, mehrere Projekt-Dankeslieder vor, die wir jetzt gemeinsam hören werden. Kurz nachdem die letzten Sequenzen von „Schnick, schnack, schneck – rührt sich nicht vom Fleck" verklungen sind und die Ortschaftsrätin der Kindergärtnerin aus dem Nachbardorf den bösen Blick übermittelt, überreicht die Kommissions-Frau mit der Aktentasche jedem Kind einen Regenbogen-Demokratie-Aufkleber und einen eingeschweißten Keks.

Bei der zwei Monate später in hellem Sonnenschein stattfindenden Einweihungsveranstaltung erklingen zunächst deutsche und armenische Musikstücke in der Dorfkirche, die dem Spielplatz gegenüber liegt. Gespielt werden diese von der Kammerphilharmonie, die sich der Landkreis leistet, wobei die Sozialpädagogin den Melodien erleuchtet lauscht, während ihr Lebensgefährte Siegward G. dem Ortsbürgermeister zuflüstert, was er in dieser Zeit alles hätte tun können, und wie lange das Gefiedel noch dauert, er hält es nicht mehr aus. Es sind auch Vertreter der Armenischen Gemeinde des Bundeslandes in die Region gekommen, von deren Existenz anscheinend bislang niemand etwas wusste und deren geistliches Oberhaupt überraschenderweise nicht bereit ist, die neue Wippe zu segnen. Stattdessen werden erstmals in der langen Dorfgeschichte Teile eines normalerweise siebenstündigen armenischen Gottesdienstes zelebriert. Unbeschreiblich. Wahnsinn! Wohltuendes Staunen in allen Gesichtern einer übervollen Kirche. Nach einer Minute des Schweigens begrüßt der Ortsbürgermeister die Gäste und insbesondere die Kommissionsmitglieder aus der Universitätsstadt mit den Worten: „Das hier ist auch eine Kommune, traurig, aber wahr, alle müssen jetzt, bevor unsere Kinder bunte Eröffnungsbänder durchschneiden und im Anschluss, lieber Siegward, noch unser dreißigminütiges Mitmach-Konzert stattfindet, meine tagelang vorbereitete Ansprache mitanhören. Vielen Dank."

„Wer hätte gedacht, dass bereits siebenhundert Jahre nach den Armeniern auch die Menschen hierzulande das Christentum annahmen! Kurz zuvor waren sie mit ihren Schafen noch von Weideplatz zu Weideplatz gezogen, jetzt wurden die Flächen vermessen, und um das Jahr 984 gab es an der Stelle, an der wir uns befinden, schon etwas, das man als Dorf ansehen konnte: Einzelhöfe, die sich hufeisenförmig um eine Quelle gruppierten, zu denen eigene Äcker mit besten Bodenwerten gehörten, von denen man sich ernährte. Die Nachfahren von acht sächsischen und zwölf sorbischen Gründervätern und -müttern schwankten von nun an zwischen gesundem Egoismus und dem Dasein für die Dorfgemeinschaft – tausend Jahre im Schweiße ihres Angesichts zwischen bäuerlicher Einzelunternehmung und Kolchose! Um die Fähigkeit zur Selbsterhaltung zu symbolisieren, errichteten diese unsere Vorfahren

1. *ein Dorfgemeinschaftshaus, das bis heute auch als Kirche genutzt wird,*

   und

2. *einen gewaltigen Stein.*

Auf ihm stand regelmäßig der Bauernmeister, wenn man sich traf, um Angelegenheiten der Gemeinde zu beraten. Und wenn er im Namen aller von uneinsichtigen Nachbarn Strafgelder einzog, wurden diese im Anschluss im Gotteshaus gegenüber gemeinsam „vertrunken".

Das somit nachweislich uralte Ideal einer Eigenverantwortung für die Gemeinschaft war in der Folgezeit allerdings durch unzählige Katastrophen bedroht. Am schlimmsten bislang 1644: Fremde Söldner errichteten in nächster Nähe ein drei Quadratkilometer großes Heerlager, nahmen den Bauern weg, was sie kriegen konnten, verheizten die gesamten Holz-Bauten und machten im Anschluss auch den Rest des Ortes dem Erdboden gleich. Kein einziger Hof stand noch. Übrig geblieben waren

1. die Kirche
und
2. der große Stein.

Die ehemals stolzen Bauern mussten anderen jahrelang als Knechte dienen, ehe einige von ihnen wieder auf die Beine kamen. Damit verbunden war ein Trauma, das im sogenannten kollektiven Gedächtnis Spuren hinterließ.

Als der Krieg nach dreißig Jahren zu Ende war, half die Obrigkeit, allerdings nicht mit Geld, sondern mit einem landesweiten Aufruf, in dem zwei Punkte ganz oben standen:

1. Lasst keine umherziehenden Fremden ins Dorf!
2. Jagt die Wölfe!

Mit ungeheurem Fleiß wurde neu angefangen, und nach nicht einmal einem Jahrhundert war die Gemeinde so gewachsen, dass man die

Dorfkirche vergrößern musste. Sie wurde nun mit Barockbänken ausgestattet, auf denen die Namen der Inhaber jedes einzelnen Sitzplatzes mit einer Nummer zu finden waren: Unten die Frauen, oben die Männer und ganz vorn, am Allerheiligsten, die Hofbesitzer.

Nach wenigen Jahrzehnten war der Wolf ausgerottet, und auf den guten Böden hatten Getreide, Kartoffeln und Zuckerrüben die Einwohnerschaft wohlhabend, man könnte sagen reich, gemacht. Es gab einen starken Staat und ein „Bürgerhaus" als Versammlungsort, denn die Bauern wollten nicht mehr „Bauern" genannt werden und lebten nun, wie es in alten Zeitungsartikeln heißt, „in villenartigen Gebäuden", von denen nicht wenige bis heute stehen. Vom uralten „Bauernstein", dem einst etwas Heiliges angehaftet hatte, rutschten die Kinder im Winter in den Schnee. Die Gemeinde konnte es sich leisten, auf eigene Kosten Straße und Dorfplatz zu pflastern, wobei der störende Stein praktischerweise mit ins Fundament kam. Schon nach drei Jahrzehnten scheint er aber doch gefehlt zu haben, denn 1898 rissen unsere Vorfahren ihr teures neues Pflaster wieder auf, um nach dem Findling zu suchen. Und als sie ihn nach siebzig Metern Schachtarbeit fanden, stellten sie ihn absichtlich nicht wieder dort auf, wo er einmal gestanden hatte, sondern auf einen hohen mit Blumenornamenten geschmückten Sockel. Daran befestigten sie eine Tafel mit dem Bild Otto von Bismarcks, auf der geschrieben stand, was er gesagt hatte: „Wir Deutsche fürchten Gott, aber nichts sonst auf der Welt."

Leider war kein Platz mehr für Bismarcks Folgesatz, der lautete: „Und schon die Gottesfurcht mahnt uns, den Frieden zu pflegen und zu erhalten."

Zwei verlorene Weltkriege später wurde Bismarck abgerissen und an seine Stelle eine Friedenstaube aus DDR-Beton auf den Bauernstein gesetzt. Weil diese allerdings so unangenehm an Wink-Elemente und verordneten Sozialismus erinnerte, wurde sie nach einer auch in diesem Dorf sehr friedlichen Revolution 1992 in Feierabend-Tätigkeit heraus-

gemeißelt und nun wieder ein Bismarckbild angeschraubt, diesmal mit dem Schriftzug „Verfechter der deutschen Einheit".

Und hier sind wir, im Heute und Jetzt, an einem Ort, der schon so vieles gesehen hat. Mag sein, dass der Zeitgeist von uns verlangt, dass wir Bismarck wieder abschrauben, der übrigens bei uns jeden Tag auf die August-Bebel-Straße und die Rosa-Luxemburg-Straße schaut. Dies wird jedoch mit Sicherheit nicht passieren. Wer daher berechtigterweise fragt, ob wir aus der Geschichte überhaupt etwas gelernt haben, erhält im Namen unserer Dorfgemeinschaft jetzt die Antwort: Ja, durchaus, ein bisschen. Unsere Kinder bekommen hier nämlich heute eine Wippe mit deutschen Zuckerrüben und armenischen Aprikosen, aufgestellt an der Quelle des Dorfes, geschützt und behütet in der Gebäudeanordnung eines Hufeisens, das seit tausend Jahren hin und wieder das Glück auffängt, teilweise gesponsert von der Sparkasse des Landkreises, teilweise durch unsere eigene Sammlung, aufgebaut von Müttern und Vätern, Großmüttern und Großvätern, traditionell im Schweiße ihres Angesichts.

Und wer nun meint, dass es sich bei unserem heute einzuweihenden Spielplatz nur um einen kleineren Beitrag für den Weltfrieden und um einen größeren Beitrag für unsere Dorfgemeinschaft handelt, hat Recht. Warum sollten wir auch lügen? Die Sonne in dieser Gegend dreht sich seit tausend Jahren um uns. Konkret bedeutet dies, dass traditionell wir es sind, die den anderen wohlwollend die Welt erklären. Und weil auch der Landrat und die Zeitung heute hier sind, möchte ich einmal die Gelegenheit nutzen und im Namen unseres Dorfes höflich darum bitten, dass man nicht permanent uns die Welt erklärt.

Obwohl wir nicht einmal mehr eine eigene Ortsverwaltung haben, kann man nämlich unsere tausendjährige Selbstständigkeit durchaus noch spüren, gerade bei solchen Projekten. Und sie wird einmal wiedererlangt werden, von denen, die da draußen auf unserem Spielplatz spielen und zukünftig Sorge tragen werden für den Stein und die Kirche, Osterfeuer, Straßenfest, Heimatfest, Erntedankfest, Krippenspiel, Neujahrsglühen, Mitmachkonzert, Subbotnik, Feuerwehrfest sowie das Jugendklub-Achtziger-Jahre-Spezial-Festival.

Wie übrigens die Armenier, die uns heute hier besuchen und die wir herzlich willkommen heißen, all dies finden, haben sie Gott sei Dank schon mehrfach mitgeteilt: Schön! Und ich kann Ihnen sagen, das geht runter wie Öl.“

Nach der Ansprache gibt es müden Applaus, wonach der Landrat in seiner Rede allen versichert, er kann auch nichts dafür. Die Ortschaftsrätin flüstert, der Ortsbürgermeister hat wieder mal nur über sich selbst geredet. Er flüstert zurück, dies ist Teil der Therapie, und ohne ihren mitgebrachten überaus schmackhaften Salat wären wir hier heute nicht halb so glücklich.

Unser Dorf hat Zukunft!
(Ganz ohne Glyphosat geht es nicht.)

Um engagierte Menschen vor Ort zu unterstützen und ihr Handeln anzuerkennen und zu würdigen, wird der Wettbewerb „Unser Dorf hat Zukunft“ vom zuständigen Ministerium auf der Grundlage des 27. Bundeswettbewerbs „Unser Dorf hat Zukunft“ durchgeführt. Der Ortsbürgermeister erläutert, es ist für uns ein großes Glück, dass laut Ausschreibung die „Ausgangslage“ sowie „die eigenständigen Leistungen der Dorfgemeinschaft bei der Bewältigung von Herausforderungen besonders berücksichtigt“ werden. Bereits die Anmeldung mit dem Formblatt „Fragebogen an die teilnehmenden Dörfer“ ist dabei nach Meinung der Ortschaftsrätin in gewisser Weise vielversprechend, denn in der Spalte mit der Überschrift „Innerhalb der letzten 10 Jahre neu hinzugekommen (auch z. B. als mobile Lösung)“ können wir nichts ankreuzen. Fast alles mit einem Kreuz versehen können wir hingegen in der Spalte „Innerhalb der letzten 10 Jahre teilweise weggefallen“:

X „Lebensmittelgeschäft/Dorfladen“
X „Bäckerei“
X „Schlachterei/Metzgerei“
X „Handwerksbetrieb“
X „Friseur-Geschäft“
X „Gaststätte/Café“
X „Gemeinde-/Ortsverwaltung“
X „KITA/Kindergarten“
X „Arzt“
X „Bibliothek/Bücherschrank“
X „Pflegedienstleistungen“

X „Poststelle“

X „Sporthalle/ sportliche Einrichtung“

Nach Auffassung der Sozialpädagogin verdienen hinsichtlich dieser Ausgangslage die aktuell vorhandenen und von uns gehaltenen Einrichtungen besondere Beachtung: „Jugendraum“, „Kirche/religiöse Stätte“, „Feuerwehrwache“, „Kinderspielplatz“ und „Öffentlicher Grillplatz“. Anders als es die Ortschaftsrätin vorschlägt, sollten wir der Anregung des Ortsbürgermeisters folgen und das Blatt mit der Überschrift „Hier können Sie weitere Erläuterungen zum Thema ‚Infrastruktur‘ machen“ nicht mit frechen Kommentaren versehen und Öl ins Feuer gießen. Ziel des Wettbewerbs „Unser Dorf hat Zukunft“ ist es nämlich, das Bewusstsein der Bürgerinnen und Bürger für ihre Einflussmöglichkeiten zu stärken: Die Dörfer zeigen, wie ihre Dorfgemeinschaften mit viel Kreativität, Leidenschaft und Einfallsreichtum zu einem attraktiven Leben auf dem Land beitragen und so ein gutes Gefühl für Ihre Heimat entwickeln. Bewertet werden:

- Entwicklungskonzepte und wirtschaftliche Konzepte
- soziale und kulturelle Aktivitäten
- Baugestaltung und Siedlungsentwicklung
- Grüngestaltung und das Dorf in der Landschaft.

Eine Bewertungskommission des Landkreises wird die Wettbewerbsorte bereisen und an einem Mittwoch um 9:30 Uhr in unserem Gemeindehaus erscheinen. Zeitbedingt haben wir zunächst schlechtere Karten als andere, die sich am Nachmittag vorstellen dürfen, und können zum Beispiel unseren Jugendklub nur ohne Jugendliche präsentieren. Allerdings werden sich mehrere Freiwillige den Mittwochvormittag freihalten, unter ihnen die Ortschaftsrätin, die Sozialpädagogin und das Ehepaar Zapotetzky. Der Ortsbürgermeister erläutert den Entwurf eines minutiös strukturierten Ablaufplans, an dem er den ganzen Nachmittag gefeilt hat. Alle Anwohner vor Ort werden mit Hinweisen und Aushängen auf die Begehung, und zwar Station für Station, hingewiesen und um Mitwirkung gebeten. Im Idealfall kommt zufällig auch ein Rentner mit mindestens einem Enkelkind vorbei, das die Zukunft symbolisiert. Die jugendliche Harfenistin Annalena B. hat sich auf Anregung ihres Freundes bereits selbst aufgezeichnet und ist angesichts der Schulpflicht erfreut, dass der Pfarrer ihren musikalischen Beitrag in Wechselwirkung mit bildlicher Ausstrahlungskraft als Video in der Kirche abspielen wird, wenn die Bewertungskommission eintritt. Die sogenannte Kuchenfrauen-Gruppe möchte gern einen traditionellen Pflaumenkuchen backen und diesen zur Begrüßung darbringen sowie den lokal geprägten Tischschmuck übernehmen. Zwei Ehrenamtliche des Heimatvereins werden den Backofen anheizen und den Juroren zum Abschluss des Dorfrundgangs internationale Köstlichkeiten aus dem Südkaukasus servieren.

Die letzten und unvergessenen Worte des Ortsbürgermeisters beim Vorbereitungstreffen lauten: „Wenn alles gut geht, dann läuft das ab wie nach einem Drehbuch."

Am Tag der Präsentation verzögert sich die Begrüßung im Gemeindehaus zunächst um zehn Minuten, weil Herr Zapotetzky die Bewertungskommission darauf aufmerksam macht, dass sie falsch geparkt hat und übrigens bereits der Botschafter von Armenien letztens an derselben Stelle falsch parkte, jedoch zum großen Unmut von Herrn Zapotetzky trotz Hinweis nicht wegfuhr. Auf dem Weg vom neuen Parkplatz erklärt das für Grüngestaltung zuständige Kommissionsmitglied dem Herrn Zapotetzky schon einmal vorausschauend, der Ginkgo-Baum auf dem alten Friedhof ist zwar recht hübsch, aber nicht heimisch, daher gibt es hierfür ein Minus.

Beim Eintritt in das Gemeindehaus sagt der Leiter der Bewertungskommission zu seinem Stellvertreter sowie dem Ortsbürgermeister, hoffentlich gibt es keinen Pflaumenkuchen, denn es ist bereits das achte Dorf in der Pflaumenkuchenzeit – die Kommission kann keinen Pflaumenkuchen mehr sehen, geschweige denn schmecken. Die Mitglieder der Kommission grüßen die Anwesenden und freuen sich über deren beeindruckend zahlreiches Erscheinen, sogar mit einem Kind und generationenübergreifend, nicht jedoch darüber, dass bereits um 10:50 Uhr der nächste Termin am anderen Ende des Landkreises ansteht und von den insgesamt 60 Minuten Zeit für die Präsentation des Ortes leider schon 15 Minuten um sind.

Angesichts des Einstiegs in den Dorfwettbewerb sowie der unglücklichen Windrichtung an diesem Morgen und des damit verbundenen Geruchs, der sich auch über das Gemeindehaus legt, informiert die Sozialpädagogin zu Beginn der Vorstellung darüber, dass wir immerhin noch einen hauptberuflichen Landwirt mit 1.500 Schweinen haben, dessen Immissionswerte sich aber dank neuer Technologien kontinuierlich verbessern. Die mit dem Tierhalter verschwägerte Frau Zapotetzky ist davon sichtlich berührt und fügt hinzu, die schlechteste Klimabilanz in diesem Dorf hat mit Sicherheit der Dobermann unserer Sozialpädagogin. Deren Freund Siegward G. erwidert spontan, sie sind zwar ein Paar, aber es ist immer noch sein Hund. Leicht errötet befragt die Sozialpädagogin daraufhin Frau Zapotetzky als aktives Mitglied des Heimatvereins, wann wir endlich unser Bismarck-Denkmal mit einem zeitgemäßen Schild kommentieren, wie wir es in Vorbereitung auf den heutigen Tag eigentlich machen wollten und seitens der Kommission für Demokratie und Toleranz vor über zwei Monaten angeregt wurde. Herr Zapotetzky meint, die Sozialpädagogin ist ein Systemsprenger und Museumsrandalierer, und zunächst sollten wir einmal den Zustand der Rosa-Luxemburg-Straße kommentieren. Für eine solche Demonstration ist unser Dorf jedoch bereits zu eingeschüchtert. Die so Angesprochene möchte jetzt der Bewertungskommission gern einmal zeigen, was der Sohn von Herrn Zapotetzky in unseren Dorfteich gekippt hat und offenbart am Ende des ersten Teils der Vorstellung ein weiteres Mal ihre beruflich-pädagogische Stärke, indem sie Vater Zapotetzky öffentlich eine sogenannte Ich-Botschaft übermittelt, die aus Gründen des Jugendschutzes nicht wiederholt werden kann. Der Ortsbürgermeister denkt, schöner und pädagogischer gewesen wäre: „Weißt du, ich find das jetzt nicht gut“ oder ähnlich, und erinnert die Anwesenden höflich daran, dass das hier heute keine normale Ortschaftsrats-Sitzung ist. Der Wehrleiter unserer Freiwilligen Feuerwehr hatte eigentlich versprochen, der Bewertungskommission den Standort für die seit sechs Jahren in Planung befindliche neue Feuerwehr-Fahrzeughalle zu präsentieren, ist jedoch über die Bauverzögerung, wahrscheinlich nur wegen einer zusätzlichen Damentoilette für zwei aktive Kameradinnen, dem fehlenden Atemschutz sowie Mangel an Disziplin in letzter Zeit sehr aufgebracht. Die Jury eines Wettbewerbs „Unser Dorf hat Zukunft“ sollte wissen, dass kürzlich aufgrund unserer miserablen Funktechnik ein gemeldeter „Ödland-Brand“ bei der Einsatzleitung als „Öltankbrand“ ankam, woraufhin ein Großeinsatz aller Feuerwehren der Umgebung unweit der Festwiese erfolgte. Der Kommissionsvorsitzende merkt hierzu launig an: „Immer noch besser als umgekehrt“, worüber der Wehrleiter nicht lacht und die Hobbypolitikerin Zapotetzky gern ergänzt: „Wäre die seit sechs Jahren geplante Feuerwehr-Fahrzeughalle ein Flüchtlingswohnheim, würde sie schon stehen.“ Die Mitarbeiterin der Verwaltung gibt zu bedenken, ganz ohne Flüchtlinge geht es nicht. Siegward G. fragt jetzt zur Abwechslung mal die Bewertungskommission etwas, nämlich, wie unsere Kommune überhaupt dazu kommt, die Hundesteuer zu erhöhen und die Jäger nicht wertschätzt, indem sie die Jagdhunde nicht davon befreit. Was für ein Armutszeugnis ist es überdies, dass wir aus Gründen der Sparsamkeit für Hunde des Jahres 2023 Steuermarken mit dem Aufdruck „1993“ verteilen! Gern hätte er einen Pit Bull Terrier aus dem Tierheim in Pflege genommen, aber wer traut sich das bei so einer exorbitanten Hundesteuer überhaupt noch? Der Hauptausschuss des Stadtrats hat letztens zwei Stunden über die Höhe beraten und feierlich einen Kompromiss verkündet: 20 Euro für den ersten Hund, 70 Euro für den zweiten und 105 Euro für jeden weiteren. Daraufhin hat das Landesverwaltungsamt mitgeteilt, dass eine demokratische Abstimmung über die Hundesteuer zwar unbedingt erforderlich ist, aber die vom Landesverwaltungsamt im Runderlass vorgegebenen deutlich höheren Steuersätze in jedem Fall und somit unabhängig von unserer Abstimmung rückwirkend ab 1. Januar gelten. Genauso läuft es übrigens mit dem Hebesatz der Gewerbesteuer, solange unsere klamme Kommune am Tropf der Bedarfszuweisung des Landesverwaltungsamts hängt, also bis Sankt Nimmerlein. Nachdem den Mitgliedern der Bewertungskommission in einem Spezialbeitrag der Ortschaftsrätin Bedeutungsfeinheiten des Begriffs „Pseudo-Demokratie“ dargelegt wurden, äußert sie sich doch noch, wie es abgesprochen war, über unsere hervorragende Grüngestaltung und insbesondere über ihre neu gepflanzten Sumpfzypressen. Wie die Ortschaftsrätin auch anhand von Bildmaterial darlegen kann, gehört die Echte Sumpfzypresse oder auch Sumpfeibe zur Familie der Zypressengewächse. Bei den Pflanzungen hierzulande handelt es sich allerdings um eine seltenere Varietät, nämlich die Aufrechte Sumpfzypresse – lateinisch *Taxodium ascendens*. Die Pflanzungen der Aufrechten Sumpfzypresse erfolgten übrigens fast ausschließlich nach Feierabend durch die Ortschaftsrätin persönlich. Sie wird über tausend Jahre alt und wirft im Herbst nicht etwa nur ihre Nadelblätter ab, sondern ganze Zweige. Ihr Austrieb beginnt bereits im Mai mit bläulich-grünen Jungtrieben, und ihre benadelten Zweiglein bleiben dann frischgrün. Dies ist ein erhebliches Unterscheidungsmerkmal zur Echten Sumpfzypresse, bei der sie im Jahresverlauf deutlich nachdunkeln. Als die Ortschaftsrätin noch eine dritte Varietät präsentiert, nämlich die Mexikanische Sumpfzypresse, *Taxodium Mexicanum*, die von vielen Autoren auch als eigenständige Art *Taxodium mucronatum* beschrieben wird, zeigt der Leiter der Bewertungskommission auf die Uhr und sagt, einen Dorfrundgang schaffen wir nicht, wenn wir noch länger trödeln. Gern können wir *Taxodium Mexicanum* auch an Ort und Stelle begutachten. Der in der Kommission für Grüngestaltung zuständige Juror flüstert gut hörbar, dass mit der Sumpfzypresse zum wiederholten Male eine nicht heimische Pflanze Verwendung fand, und dafür gibt es selbstredend ein Minus. Auf dem Weg zur Grüngestaltung und somit zu Beginn des dritten Akts unserer Vorstellung erläutert die noch immer aufgebrachte Sozialpädagogin der Bewertungskommission gern den Klimawandel anhand ausgewählter Beispiele im Ort. Zum einen hat nämlich der Dorfsee mittlerweile gerade bei den Sumpfzypressen einen so niedrigen Wasserstand erreicht, dass man, wenn es mit der Trockenheit so weitergeht, sicherlich bald den restlichen Bauschutt (Betonteile) des Sohnes von Frau Zapotetzky sehen kann. Zum anderen setzt die anhaltende Trockenheit der Natur auch im Bereich unserer Ausgleichs- und Ersatzpflanzungen zu. Nicht allein die Rasenflächen auf dem alten Friedhof werden gelb, vor allem junge Bäume lassen traurig die Blätter hängen. Daher wurden von uns fünf Ginkgo-Bäume gepflanzt, und diese rangieren unter der Rubrik „Idealismus". Der Heimatverein finanzierte Beschaffung und Pflanzung selbst, und wir bewässern im nachbarlichen Wechsel die Bäume mit Treegator-Säcken. Diese bestehen aus Kunststoff, sind doppelwandig und werden per Reißverschluss um den Baum gestellt. Um die Wurzeln nach der Pflanzung optimal mit Wasser zu versorgen, ist diese Tröpfchenbewässerung ein gutes Hilfsmittel, denn das Wasser kommt dorthin, wo es die Wurzeln brauchen – nahe am Ballen in der Tiefe. Wenn wir hingegen nur hin und wieder einmal die Gießkanne nehmen, dringt das Wasser durch den klimabedingt harten Boden kaum ein. Unsere frisch gepflanzten Bäume brauchen natürlich besonders am Anfang viel Wasser, bis sie gut eingewurzelt sind. Dann werden die Urwald-Ginkgos eines Tages in der Lage sein, sich auch in längeren Trockenperioden selbst zu versorgen. In diesem Zusammenhang hat Peter E. für die Kommission noch einen Tipp: Optimal ist es, Pflanzen am frühen Morgen zu wässern, wenn es draußen noch recht kühl ist, denn hierbei verdunstet kaum Gießwasser.

Bevor der Ortsbürgermeister den uralten Taufstein und das Bogenrelief aus dem 12. Jahrhundert über der Kirchentür präsentieren möchte, geht es noch auf den Acker am Dorfrand. Dort wartet Landwirt Holger D. bereits neben seinem John Deere Serie 5E mit drei Zylindern, um vor der Bewertungskommission und einem gerade eingetroffenen regionalen Pressevertreter öffentlich die Bodenfeuchte zu prüfen. Hierzu steckt er die 25 Zentimeter lange Sonde eines Bodenfeuchte-Messgerätes in die Erde und kann sofort erkennen, ob Wasser gebraucht wird oder nicht. Dabei entsteht das bleibende Bild unserer Wettbewerbsvorstellung im Rahmen einer Zeitungsmeldung für den Landkreis. Die letzten Worte, die die Kommissionsmitglieder auf dem Acker vernehmen, stammen von Landwirt Holger D. und lauten „Ganz ohne Glyphosat geht es nicht."

Auf dem Weg zum Gotteshaus hört der Ortsbürgermeister ein Kommissionsmitglied flüstern: „Keine Gestaltungssatzung im Ort! Das eine Haus ist zwar mit Blumenranken bemalt, aber: Die Betonziegel aus DDR-Zeiten! Minus." Die Präsentation des jugendlichen Harfe-Spiels der Annalena B. auf der Leinwand ist angesichts des staubigen Lichtstrahls über dem Altar fast unsichtbar, dann fällt der Ton aus. Zum Glück muss die Kommission ohnehin schon weiter und erhält daher armenisches Schaschlik in Aluminiumfolie in Unmengen als Wegzehrung. Beim Hinausgehen aus der Kirche zeigt das mitgebrachte Symbolkind auf das Kruzifix an der Wand und fragt den Ortsbürgermeister: „Wie lange muss er noch da oben hängen?"

Vier Wochen später heißt es in einem amtlichen Schreiben des Landkreises auch nach dem zweiten Durchlesen: „Ihr Ort hat erfolgreich am diesjährigen 5. Kreiswettbewerb ‚Unser Dorf hat Zukunft' teilgenommen. Davon konnte sich die Bewertungskommission während ihrer Bereisung im September eindrucksvoll überzeugen. Damit kann jetzt die Auswertung und Siegerehrung stattfinden. Dazu möchte ich Sie als Ortsbürgermeister/in sowie weitere zwei Vertreter des Ortes herzlich einladen. Bitte beachten Sie, dass eine Teilnahme ohne vorherige Anmeldung nicht möglich ist."

Peter E. meint, das wird ein Gang nach Casablanca, aber er kommt gern mit. Die Ortschaftsrätin ergänzt, wir alle waren wieder einmal in Höchstform, natürlich nimmt sie teil.

Auf der Veranstaltung sagt der Sprecher des zuständigen Ministeriums:

1. Der ländliche Raum ist ein attraktiver Lebens- und Arbeitsort, heute und in Zukunft.

2. Das ehrenamtliche Engagement, mit dem vor Ort attraktive, altersübergreifende Treffpunkte geschaffen werden, ist die Grundlage für die Ansiedlung junger Familien.
3. Die Digitalisierung erlaubt ihnen, Leben und Arbeiten zu verbinden, was zur Sicherung und Entwicklung von Dorfgemeinschaften entscheidend beiträgt.
4. In diesem Landkreis haben immerhin 16 Orte am Wettbewerb teilgenommen.

Danach wird das mit großer Spannung erwartete Ranking auf einer Leinwand gezeigt: Platz Acht für uns! Die Ortschaftsrätin überlegt laut, gegen dieses himmelschreiende Unrecht in Widerspruch zu gehen, denn eine Aufrechte Sumpfzypresse ist sehr wohl eine heimische Pflanze, und damit wären wir in diesem Dorfwettbewerb mindestens auf Rang Sieben! Allerdings unterlässt sie dies, nachdem der Ortsbürgermeister höflich auf die Urkundenmappe hinweist, die ihm soeben übergeben wurde. Darin befindet sich nämlich neben einer schriftlichen Anerkennung des Ministers ein ebenfalls wichtiger 700-Euro-Scheck der Kreissparkasse. Bei der öffentlichen Einzelvorstellung der teilnehmenden Orte gibt es einen zusätzlichen Glücksmoment, denn der Vorsitzende der Bewertungskommission äußert sich lobend über unsere Präsentation: „So authentisch wurde die Landwirtschaft in keinem anderen Dorf vorgestellt."
Gewonnen hat, wie zu erwarten war, ein Ortsteil im Speckgürtel des Mittelzentrums mit sechs Vereinen, saniertem Schwimmbad, beachtlicher Gewerbeansiedlung und gepflegtem Schlosspark. Möge er den Landkreis nun auf Landesebene erfolgreich vertreten! Der Ortsbürgermeister ist immer noch voller Freude über die 700 Euro, denn diese sind ausnahmsweise nicht zweckgebunden und können dort eingesetzt werden, wo es nötig ist. Die deutliche Mehrheit

der Einwohnerversammlung, die mit Stolz am übernächsten Wochenende einberufen wird, plädiert dafür, endlich einmal die alte Betonfläche im Zentrum unserer Festwiese aufzustemmen und zu entsorgen. Im Anschluss soll dann mithilfe der 700 Euro an derselben Stelle eine neue Betonfläche entstehen: Ein hervorragender Tanzboden für Heimatfest und Erntedank.

Mütterberatung

Klapperstorch bester!
Bring mek 'ne kleine Schwester.
Klapperstorch joder,
bring mek 'n kleinen Broder!

Wer sich als potenzielles Geschwisterchen einen im Bauch der Mutter heranwachsenden Neuankömmling so sehr wünscht, wird in unserem Dorf immer häufiger positiv überrascht. Klappt es zuvor mit dem Schwanger werden nicht, soll die Frau nach altem Brauch von den Früchten eines Baumes essen, der zum ersten Mal trägt und im Garten ihres Nachbarn steht. Als Belohnung für diese Hilfsbereitschaft wird nach dem Volksglauben nicht allein die Frau, sondern auch der Baum „sehr fruchtbar". In mehrfacher Hinsicht bringt die Schwangere ihrer Umgebung Glück. Gibt sie zum Beispiel einer trächtigen Stute Heu aus ihrer Schürze zu fressen, kann das Fohlen leichter zur Welt kommen. Im Gegenzug erhält die Schwangere zahlreiche Hinweise, insbesondere von Seiten der dörflichen Mütter- und Großmüttergemeinschaft. Bekommt sie zum Beispiel Zahnschmerzen, so hat sie diese im schlechtesten Fall neun Monate zu erdulden und darf sich auf keinen Fall einen Zahn ziehen lassen, bevor das Kind kommt. Sie darf ferner nicht unter einer Wäscheleine hindurch- und nicht ins Gericht gehen. Während früher der uralte Dorfglaube sagte, sie soll und muss essen, was sie möchte, orientiert man sich heute an Wissenschaftlern im Frühstücksfernsehen, die dasselbe sagen. Die gesamte Dorfgemeinschaft nimmt Anteil, sobald die Schwangerschaft bekannt gegeben wird, was meist sofort erfolgt. Da die frohe Erwartung eines Kindes grundsätzlich mit einer guten Hoffnung des gesamten Dorfes verknüpft ist, sind Freud und Leid der Betroffenen allgemein, wo es nur geht. Erwähnt die Schwangere, wie jüngst bei der Theaterprobe geschehen, zum Beispiel ihren Appetit auf ein Erdbeereis, wird dies innerhalb von Sekunden aus der Kühltruhe der nächsten Nachbarin zur Verfügung gestellt und anschließend der Rest der Packung von allen geplündert.

Nach der Geburt waren und sind verschiedene Dinge wichtig:

1. *Für die bereits seit längerem vorhandenen Geschwister brachte offiziell das Neugeborene – in Wirklichkeit bringen natürlich die Erwachsenen – etwas Schönes mit.*
2. *Es galt und gilt strengster und allumfassender Mutterschutz! Früher war die Mutter als sogenannte „Wöchnerin" gegen die bösen Mächte machtlos. Während das Kind schnellstmöglich getauft und somit vor Dämonen sicher war, hatte sie sechs Wochen bis zu ihrer Einsegnung zu warten und blieb bis dahin ungeschützt. Zwar wurde bereits damals alles getan, um sie zu stärken, zum Beispiel mit der sogenannten Wochensuppe, doch sollte sie, wenn es ging, das Haus nicht verlassen. Einträge im Kirchenbuch führten sogar den Tod von Kindern, deren Seelen nach dem Volksglauben zu Irrlichtern wurden, auf das zu frühe Verlassen des Hauses zurück.*

Zur Abwehr von Dämonen wurden dem Kind Salz und Dill in die Kleider gelegt – und zum Einstieg in das Leben nicht selten Dinge, die alles zum Guten wendeten: ein Geldstück für den späteren Reichtum, ein Blatt Papier für die zukünftige Klugheit. Angesichts der Stimmung in den sechs Wochen nach der Geburt erscheint das gigantische Fest nach deren Ablauf mehr als verständlich.

Von größter Bedeutung war die Auswahl der Taufpaten. Die Beziehung zu ihnen war während des ganzen gemeinsamen Dorflebens oft enger als zu Blutsverwandten. Alle Paten waren noch sehr jung und wurden daher in den vom Kantor in Schönschrift geschriebenen „Gevatterbriefen", die im Aktenschrank des Gemeindehauses aufbewahrt werden, als „Jungfrau" oder „Junggeselle" angeredet. Sehr gern wurde das Kind auch nach den Paten benannt. Erst späterhin wird dem männlichen Teil der Einwohnerschaft fast immer ein eigener Spitzname zugeeignet. Dieser war und ist bedeutender als der jeweilige Vor- und Nachname und wird bis zum heutigen Tag gebildet:

- *nach Körpereigentümlichkeiten („Knorpelohr", „Vierkant", „Pfirsich")*
- *zur Unterscheidung gleichnamiger Nachbarn („Zicken-Willi"/ „Hunde-Willi")*
- *nach der Herkunft („Der Westdeutsche")*
- *nach Produkten und Verkaufsstrategien („Fritten-Ralf", „Appel-Otto", „Jurken-Knopi") oder*
- *etymologisch schwer herzuleitenden Bezeichnungen („Der Wojwode", „Schotter-Jorre").*

Weil der Brauch vorschrieb, dass das Kind so werden muss wie sein Pate oder seine Patin, hatten diese in den Tagen vor der Taufe öffentlich Arbeiten zu verrichten, die der neue Erdenbewohner später unbedingt beherrschen sollte. So nähten, strickten, schrieben, gruben und säten die Paten, was das Zeug hielt. Im Gegenzug brachte das Patendasein Glück – besonders viel Glück, wenn man beim ersten Mal bei einem unehelichen Kind oder einem damals so genannten Hurenkind Pate stand.

Ein langer Zug von Gästen wandert am Tag der Taufe dem feierlich in die Kirche getragenen Kind hinterher und stellt sich halbkreisförmig um den Taufstein. Die Paten hingegen stehen am Altar. Früher wurde das Kind von Pate zu Pate gereicht und über das Taufbecken gehalten. Die jüngste Frau der Gevattern trug das Kind sodann einmal um den Altar herum.

Mehrere Taufen gleichzeitig waren früher zu vermeiden. Zumindest mussten die Kinder bei gleichzeitig stattfindenden Taufen gleichen Geschlechts sein, weil sonst der Junge angeblich dem Mädchen später nachlief, obwohl dieses aufgrund der gleichzeitigen Taufe nach dem Volksglauben einen Bart bekam und ersteres doch schon aufgrund des zweitgenannten Phänomens unerklärlich ist.

Nach Hause getragen wurde das Kind von der Hebamme, die in den Gemeindeaufzeichnungen häufig als „Großmutter" begegnet, wenngleich sie nach dem heutigen Wortsinn gar keine war. Zu Hause angekommen, legte man das Kind dann in der Stube unter den Tisch, angeblich in der Hoffnung, es würde dann schneller wachsen.

Pfarrer Samuel Benedikt C. berichtet um 1760 über das Fest der Taufe: „Man speist auf hölzernen Tellern. Braten und Kuchen sind in Stücke geschnitten. Davon machen alle Geladenen ihre Bündel, die sie mit nach Hause nehmen. Nicht der Braten, sondern nur die Pflaumen, die bei den Braten aufgesetzt sind, werden gegessen. Das Bratenstück aber wird in dem Bündel mitgenommen." Diese Tradition gibt es noch, und der heutige Ortsbürgermeister bekam als Kind bei einer solchen Feierlichkeit einmal den ehrenvollen Auftrag, ein Stück Fleisch vom Büffet in ein Tuch einzuwickeln und es dem Auftraggeber zu überbringen, der es sich in die Jackentasche steckte, angeblich für seinen Hund.

Nicht zuletzt angesichts des Aufwands bei Vorbereitung und Durchführung und der lauten Tanzmusik galt und gilt die Taufe als Ehrentag der Mutter. Eine bevorzugte Behandlung beim Taufschmaus erhielten und erhalten auch die Hebamme und jene Nachbarsfrauen, die der Wöchnerin zur Seite stehen.

Wir schaffen das

Ein Mann im Leinenhemd präsentiert den überraschten Ortschaftsräten unmittelbar vor der Sitzung seinen Kofferraum: Eingemachte Lebensmittel reihen sich auf Spitzendeckchen, darunter köstliche Nussplätzchen. Naturschutz, Biolandbau und Brauchtum liegen vor Augen. Doch es ist das Gegenteil eines Verkaufsangebots. Der Engagierte mit Zwirbelbart und einem tätowiertem Wolf-Rabe-Motiv auf dem Unterarm möchte mit seiner Familie in diesem Dorf ein Grundstück erwerben und in einer freien Gemeinschaft entwickeln. Titel des Projekts: Sonnen-Oase. Die alte und etwas verfallene Rinderzuchtstation am Ortsrand wurde von ihm mit Bedacht gewählt, denn es ist ein Kraftort unserer Ahnen – mit echten, beseelten Menschen im näheren Umfeld. Auch sollen wir uns nicht wundern, denn in der zukünftigen Bewohnergruppe wurde bereits intern festgelegt, dass der freie Baumeister langes Haar mit einem Stirnband, seine Frau hingegen bunte Dirndl trägt. Siegward G. schaut auf das Auto und erklärt Anteil nehmend: „Berliner Kennzeichen."

Die ehemalige Russisch-Lehrerin sagt, wir sollten uns nicht versündigen, indem wir diesen kreativen jungen Menschen unsere Schrott-Immobilien andrehen. Daran anknüpfend verweist die protokollierende Mitarbeiterin der Verwaltung mit bebender Stimme auf die Schuld, die wir bereits seit dem vergangenen Jahrhundert zu tragen haben. Stichwort: Haushaltskonsolidierungskonzept. Unter den darin zur Tilgung enthaltenen überaus günstigen Immobilien befinden sich immerhin zwei in der hiesigen Gemarkung und überdies im Verfall. Das kommunale Motto im Angesicht der Sonnen-Oase sollte daher lauten: „Endlich traut sich mal jemand!"

Der Vorsitzende des Gemeindekirchenrates bietet einen Rückblick und weist nach, dass auch wir vor 250 Jahren anders waren und uns deswegen heute nicht erheben sollten. Seinerzeit war zwar zum Beispiel die Bestimmung der ledigen Schwestern im Nachbarort der Dienst für die Brüder und den Heiland. Ihr Leben aber wurde versüßt, indem sie in ihren Gesängen als geschmückte Bräute dem himmlischen Bräutigam und der Hochzeit des Lammes zugeführt wurden. Wenn sie doch einmal auf Erden verheiratet wurden, gehörte ein Ruf vom Heiland dazu, das bedeutete, diejenige, die durch das Los bestimmt worden war, wurde dem Bruder angetragen, und bei einem Jawort von beiden Seiten erfolgte die Verlobung im Beisein der Ältesten-Konferenz. All dies mag heute vielleicht manchmal seltsam wirken, aber hätte man die Ansiedlung der Brüder und Schwestern damals abgelehnt, gäbe es hier heute keine Adventssterne.

Zwei Monate später bemerkt der Sprecher der Sonnen-Oase beim gemeinsamen Rundgang auf seinem neuerworbenen Grundstück, dass uns dunkle Kräfte von einem erfüllten Leben abhalten. Wer gegensteuern möchte, benötigt dringend einen sanierten Familien-Landsitz inklusive Streuobstwiese. Auf einem Hektar mit Wasserquelle kann er mit seiner Siedlerfamilie als Selbstversorger heimisch werden. Angesichts des weltweiten Handelskrieges sollten wir uns allerdings gemeinsam auf verschiedene Arten von Katastrophen vorbereiten. Im besonderen Blick stehen dabei laut Faltblatt:

- der eigene Anbau von Lebensmitteln und deren schonende Einlagerung,
- die Errichtung von Schutzbauten an Grundstücksgrenzen,
- das Vorhalten von Schutzkleidung, Werkzeug, Funkgeräten sowie legalen Waffen.

Ausgeschlossen vom Projekt sind lediglich Personen, die mit dem experimentellen RNA-Impfstoff infiziert oder impfbereit sind, sowie diejenigen, die an den menschengemachten Klimawandel glauben. Gern könnten wir als starke Gemeinschaft mittels individueller Maßnahmen Fähigkeiten in den Bereichen Erste Hilfe und körperliche Fitness erwerben und trainieren.

Der Ortswehrleiter der Freiwilligen Feuerwehr merkt jetzt an, dass wir dies seit Menschengedenken regelmäßig tun, aber natürlich nicht oft genug wiederholen können. Anders als in der Sonnen-Oase darf bei unseren Übungen allerdings grundsätzlich auch das Drittel der Bevölkerung mitwirken, welches zur Impfung bereit ist. Dies gilt überdies, wenn jemand an den menschengemachten Klimawandel glaubt. Unser „Rundum-Paket" in den Bereichen Brand- und Katastrophenschutz könnten wir sonst nicht packen. Der Vorsitzende des Gemeindekirchenrats ergänzt, seine Tochter und seine Mutter waren kürzlich ebenfalls impfbereit, aber wer möchte den ersten Stein werfen? Der Käufer hält fest, dass unsere Gesellschaft dem Untergang geweiht ist, denn wir befinden uns im Schlaf – und offenbar ahnt unter den Anwesenden noch längst nicht jeder, dass wir hier manipuliert werden. Im Übrigen entsteht in der Sonnen-Oase in Kürze eine Kreativ-Manufaktur mit den Produkten Bienenwachskerzen und Bücher für eine geschlossene Gemeinschaft in einem baldigen Ring aus offenen Naturgartendörfern.

An dieser Stelle des Austausches freier Gedanken schreitet, umgeben von blühenden Wiesen, eine junge Frau von außergewöhnlicher Schönheit über den nahen Feldweg, vorbei an der geplanten Sonnen-Oase – mit langem, goldblondem Haar und ebenmäßigen Zügen, auf ihrer Haut nur ein leichtes helles Kleid. Es ist die siebzehnjährige Schülerin Annalena B. auf dem Weg zu ihrem Lover und im Anschluss zur Musikschule. In der Hand hält sie einen Korb mit selbst gepflückten Erdbeeren. Wenn man sie so sieht, könnte man glauben, Annalena B. lebt unbefangen allein am Waldesrand, und die Natur rund um unser Dorf gibt ihr bereits alles, was sie zum Leben braucht. Annalena B. grüßt freundlich und schwebt, trotz Einladung in den zukünftigen Familien-Landsitz, weiter in Richtung Bushaltestelle, mit sich nehmend ihre Aura vollkommenen Glücks.

Die Frage, ob auch die Begründer der Sonnen-Oase diesen Zustand erreichen können, wird im Winter für etwa eine Minute bejaht, als ihnen der mitleidige Kleingärtner Dennis Z. angesichts der harten Witterung eine Handwagenladung Kartoffeln spendet. Mit dem Brunnenwasser auf dem Grundstück und den Bienenwachskerzen lief es nicht so gut. Landwirt Holger G. meint, vielleicht ist eine städtische Wohnung für sie doch besser geeignet, und jeder Mensch ist eben anders.

Der Vorsitzende des Gemeindekirchenrates bedauert es übrigens zutiefst, dass uns die Integration einmal nicht vergönnt ist, denn gerade in der hiesigen Gegend haben sich nachweislich immer die guten Eigenschaften weitervererbt, und die schlechten wurden abgelegt, indem man einerseits die Schwestern und Brüder mit den größten Verfehlungen nach Russland, Grönland oder Labrador entsandte und andererseits normale Einheimische heiratete. Das Ergebnis sind bereits seit 100 Jahren leuchtende Sterne an jedem Hof in der Weihnachtszeit, eine gewisse Friedensliebe und der bis heute wunderschöne Gesang von Annalena B. in unserem Haus Gottes.

Wir schaffen das nicht

Das große Feuer lodert, die Kinder haben drei weitere kleine Feuer entzündet. Sie hat gerade 50 Becher veganen Salat hingestellt. Der Ortsbürgermeister denkt, jetzt wird es eskalieren. Frau Zapotetzky sagt, das ist überhaupt kein veganer Salat, denn in den Glasnudeln finden sich mit Sicherheit Spuren von Milch. Innerhalb von fünf Minuten sind die Becher vergriffen. Erleichterung beim Ortsbürgermeister: Auch alle Grillwürstchen der Freiwilligen Feuerwehr wurden verbraucht.

Moorrüpel ist gerade freiwillig von einem 15 Meter hohen Baum heruntergeklettert und stochert jetzt mit einem Stock im Kinderfeuer. Frätbalg hat seine erste Freundin mitgebracht und verlangt die sofortige Herausgabe des Motorrads, um mit ihr hinaus in den Nachthimmel zu entschwinden. Leider verfügt er über keine Fahrerlaubnis. Daher darf er jetzt mal langsam die Dame und seinen kleinen Bruder zu Fuß nach Hause bringen.

Die Luft ist voller Funken. Die Veganerin erwähnt, dass sie Philosophie studiert hat. Der Ortsbürgermeister erwidert, dies hätte er auch gern getan. Sie zitiert in beeindruckender Weise lange Sätze von Immanuel Kant. Er möchte grundsätzlich nicht zu viel preisgeben, muss jetzt aber schon aus Gründen der Eitelkeit mit Kenntnissen glänzen, die das Werk Herders betreffen. Beide fragen: Ist der Mensch das, was seine Umgebung aus ihm gemacht hat? Erkennen wir vielleicht nur, was wir erkennen sollen? Es wird dunkel. Als Philosophin sollte man nicht arbeiten, daher stellt sie in der Hauptstadt für ein großes Beratungsunternehmen sicher, dass Unternehmen Geschäftsrisiken nicht nur als Herausforderung betrachten, sondern als potenzielle Chance mit Vermögenswert. Es ist überhaupt wichtig, dass Unternehmen heute einer Reihe von neuen Risiken ausgesetzt sind, die sich ändern und Unsicherheit schüren. Die Beauftragung von Dienstleistern und der Einsatz von neuen digitalen Lösungen erfordern allerdings nicht allein einen neuen Ansatz der internen Governance und Pflege von Geschäftsbeziehungen, sondern auch Vertrauen – und zwar gegenüber der Technologie, den Geschäftspartnern, deren Prozessen und der Governance. Um Vertrauen herzustellen, erfordert es Transparenz.

Der Ortsbürgermeister sagt, er zweifelt nicht daran, dass Vertrauen wichtig ist. Sie sagt, sie würde hier gern ein Atelier haben und an den Wochenenden malen. Der Ortsbürgermeister teilt ihr mit, dass sie zu 80 Prozent aus Zucker besteht. Hinzu kommen nach seiner Berechnung fünf Prozent Marzipan, zwölf Prozent Aperol Spritz sowie 133 Prozent Anmut, Abweichung von der Norm + Blütenduft. Sie meint, das kommt hin, denn sie hat schon immer 230 Prozent gegeben. Er weiß, dass Moorrüpel und Frätbalg nicht zumutbar sind und dass sie hier verbrennt. Wichtiger ist allerdings, dass permanente Nähe in dieser Generation selbstverschuldeter Freiheit nicht auszuhalten ist.

Nachdem sie versehentlich ihr Rotweinglas umgeworfen hat, spazieren beide in Richtung Wohnplatz. Nebelschwaden ziehen über den Dorfgraben, Nutrias knabbern Wurzeln. Dort hinten wohnt der Dreiundneunzigjährige Alois D. mit seiner Frau. Der Ortsbürgermeister erzählt: Als der alte Herr letztens auf seiner Diamanthochzeit gefragt wurde, ob er nochmal mit dem Motorrad in sein Wochenendhaus in den Harz fahren wird, musste er verneinen – seit ihrer Hüft-OP kann seine Elise nicht mehr mitkommen. Dann bleibt er auch zu Hause.

Man denkt sich, wie haben die das gemacht? Die Philosophin sagt, sie muss nächste Woche nach Madrid, würde aber gern hin und wieder vorbeikommen und das Leben im Dorf mitgestalten. Morgen wird es vergessen sein. In der Ferne hört man auf dem Festplatz „Amsterdam“ von Cora, dank DJ Rakete heute bereits zum vierten Mal, und hoch oben im Baum ein kleines Vögelein, das wird wohl verschwiegen sein.

Waldmeister, Pfläumchen und Fun Mix

Gelebte Demokratie: Der Amtsleiter ermöglicht seine Teilnahme an der Sitzung unseres Ortschaftsrats! Fragen gibt es genug, allerdings werden sie laut Amtsleiter von der Einwohnerschaft während der Sitzungen des übergeordneten Stadtrates zu selten gestellt. Da es auf diesen Spitzentreffen an Gästen mangelt, soll im frischen Wind heute einmal ganz offen ein Gespräch hier draußen auf der unteren Ebene geführt werden. Die Ortschaftsrätin hat auf diese Chance nach eigenen Aussagen mittlerweile fünf Jahre gewartet und ruft, der Amtsleiter sollte nicht herumwundern: Wie kann man den Beginn der Sitzungen des Stadtrates unserer neuen Einheitsgemeinde um 17:00 Uhr ansetzen? Für unser fahrendes und berufstätiges Volk ist doch jede Mitwirkung um diese Uhrzeit unmöglich. Der Amtsleiter antwortet, dies hängt mit der Energiesparverordnung zusammen. Demnächst wird Kenia klimaneutral, und wenn wir hier und heute nicht handeln, fällt die Bundesrepublik Deutschland zurück. Siegward G. bedenkt laut, der Vergleich hinkt, denn in Kenia gibt es nur eine Badelatschen-Bude, die nach Mannokko verlegt wird, dann sind sie schon klimaneutral. Wir hingegen können die Weizenstärkefabrik im Grundzentrum an unserem europäischen Wasserstraßennetz nicht mal eben umsetzen. Die Sozialpädagogin ergänzt, Siegward wird über seinen Alltagsrassismus in dieser Woche mal im Gästezimmer nachdenken. Der Ortsbürgermeister hat beide Zwischenrufe überhört und schwört jetzt dem Amtsleiter als Protestant, im Unterschied zum Stadtrat werden die Sitzungen unseres Ortschaftsrates niemals vor 18:00 Uhr beginnen, Raumbeleuchtung hin und her. Und wenn wir hier im Winter bei Kerzenschein sitzen müssen. Zudem stellt sich ein gesunder Ortsbürgermeister grundsätzlich nur in zwei Fällen gegen die Mehrheit: Wenn es gegen den Tierschutz geht oder gegen die Menschenwürde. Frau Zapotetzky überrascht mit spontaner Solidarität und ergänzt, bei der Frage nach den Sitzungsterminen kämpft die Schwarmintelligenz unseres Dorfes sogar an der Seite des Ortsbürgermeisters für die Menschenwürde. Der Amtsleiter meint, das werden wir am Jahresende in den Stromabrechnungen schon sehen und hofft auf eine Anerkennung der Menschenwürde bei der Kommunalaufsicht.

Aus dem Stadtrat wird auf Nachfrage des Ortsbürgermeisters berichtet, dass sich endlich ein Ehepaar (Binnenschiffer) als Fährführer beworben hat. Damit könnten wir die Fähre teilweise privatisieren und erheblich sparen. Die Bewerber wurden zum Gespräch geladen. „Man hätte die Beschlussvorlage für einen entsprechenden Pachtvertrag eigentlich auch schon auf die Stadtratssitzung setzen können." Leider besuchte das Ehepaar unsere Fähre bereits im Vorfeld, offenbar getarnt als harmlose Radfahrer mit Kind. Im Ergebnis gibt es jetzt ein langes Aussageprotokoll sowie ein arbeitsrechtliches Verfahren. Fährmann Klaus F. hat die Touristen nämlich auf die ihm eigene Weise begrüßt, indem er ihnen zunächst mit einem Hammer in der Hand vorhielt, kein Kleingeld zu haben. Dann mussten sie über 20 Minuten warten, bis er – nach einer Moped-Spritztour im Schlingerkurs hinunter ins Dorf – ihren 10-Euro-Schein wechseln konnte. Lallender O-Ton: „Nicht alles auf einmal ausgeben!" Wenn sich die Touristen übrigens mal eine Fischvergiftung wünschen, sollten sie laut Fährmann Klaus F. unbedingt im Ratskeller unseres Grundzentrums einkehren.

Der Ortsbürgermeister stellt sich vor, wie es wohl ist, wenn Fährmann Klaus F. mit seiner dunklen Kapuze einmal bei Nebel Menschen über den Fluss holt. Laut Reisetagebuch gab es einen Hauch dieser Atmosphäre bereits im strahlenden Sonnenschein, als er den überraschten Fahrgästen während der Überfahrt in versöhnlichem Ton zwei Klopfer (Waldmeister und Pfläumchen) anbot, deren Annahme sie allerdings ablehnten. Dann zog er sein schweißtriefendes Shirt aus, während sie ihrem Kind die Augen zuhielten, und leerte seinen eigenen Klopfer (Vodka Energy) innerhalb einer Sekunde mit anschließend deutlich vernehmbarem Erleichterungston. Daran anknüpfend warnte Klaus F. laut Reisetagebuch ein weiteres Mal beschwörend davor, unseren neuen städtischen Kern zu bereisen. Einerseits ist dort nämlich tote Hose, und andererseits wird sich daran auch nichts ändern, weil die hiesige Mischung aus Verwaltung und Bauhof einen Typ Mensch ergibt, der zu faul zum Klauen ist. Laut dem kommunalpolitisch sehr interessierten Fährmann Klaus F. philosophieren die in ihrem Stadtrat-Wolkenkuckucksheim zurzeit allen Ernstes über eine Bettensteuer, obwohl sich höchstens mal ein Monteur aus Rumänien in diese Ruinenlandschaft verirrt. Beim Zustand des Holperweges von der Fähre in Richtung Grundzentrum hat er zudem Bedenken, dass beide Rentner ihre Dritten verlieren. Während des Anlege-Vorgangs verkonsumierte Klaus F. laut Reisebericht dann noch zwei weitere Klopfer (Fun Mix) und riet den Fährgästen danach dringend von einer Besichtigung unserer bereits teilsanierten Laurentiuskirche ab („Fass ohne Boden"). Abschließend wurden sie von ihm leicht tänzelnd doch noch von der Fähre gelassen, allerdings unter der Bedingung, in nächster Zeit nicht wiederzukommen, denn wir machen heute aus innerbetrieblichen Gründen eher Schluss.

Die nun besser informierten Touristen sind trotzdem ins Grundzentrum gefahren und wurden im „Haus der Begegnung" vorstellig, wo das Ordnungsamt residiert. Dort legten sie dar, dass sie „diese Art von DDR-Nostalgie" auf unserer Fähre irritiert und dass sie ihre Bewerbung als Fährbetreiber in einem solchen Umfeld doch lieber zurückziehen möchten. Der Amtsleiter würde angesichts dieses Treffens mit den Gästen unserer Region nun gern etwas sensibilisieren und bittet höflich darum, den Tourismus gemeinsam noch sanfter zu entwickeln. „In diesem grauen Felsen sind feine Goldäderchen, die wir im Team freilegen können." Die Ortschaftsrätin erwidert, unabhängig von Fährmann Klaus F., der seit Jahrzehnten angeschlagen, aber wenigstens noch da ist, während wir bundesweit nach Fährleuten fahnden, erkennt niemand wirklich, ob die Fähre fährt. Wenn ein Schiffsjunge krank ist oder im Urlaub, liegt sie tagelang still. „Was für eine regelmäßige Überraschung für die vielen Autofahrer, wenn sie hilflos am Ufer stehen!" Zusätzlich möchte die Ortschaftsrätin die Verwaltung einmal darüber informieren, dass die Bekanntgabe der aktuellen Fährzeiten derzeit an einem Laternenmast in Ufernähe auf einem Schild hinter einem Dornenbusch erfolgt, das die Größe einer Visitenkarte hat. Der Amtsleiter kontert, die Hinweisschilder an den Straßen zu ändern, nimmt Zeit und Energie in Anspruch, die wir nicht haben, woraufhin die Ortschaftsrätin sich festbeißt: Auch für Radfahrerinnen und Radfahrer, beispielsweise aus A kommend, ist bei Nebel in B nicht erkennbar, ob die Fähre fährt. Erkennbar ist dies vielmehr erst an der Kreuzung hinter der Fähre. Und: „Die Radtouristen fahren in den Flusswinkel rein und wussten es nicht. Im Nachgang beschweren sie sich bei den Beherbergern über die fehlende Information." Der Amtsleiter wird jetzt zum Propheten: „Eine neue Beschilderung der Fährzeiten wird kommen." Die Sozialpädagogin bedenkt, zur Abhilfe der Situation wäre es hilfreich, wenn Anzeigetafeln wie bei der Bahn angebracht werden, die über Photovoltaik und eine Antenne verfügen. Man könnte Straßen und die Radwege an den entsprechenden Stellen, auch drüben auf der anderen Seite, damit ausstatten, um den überörtlichen Tourismus zu stärken. Siegward G. äußert einen Blitzgedanken: „Matrixbildschirme!“ Peter E. ergänzt: „Oder jemand weiß, woher man die alten Bahntafeln mit den Rollschildern bekommt!“ Der Amtsleiter bremst. Wenn es über die reine Daseinsvorsorge geht, gibt es keine Förderung.

Nachdem der Vertreter des städtischen Amts gefragt wurde, weshalb die öffentlichen Wassereinläufe seit einem Jahr nicht gereinigt wurden, der Grünschnitt der Festwiese seit unserem Subbotnik vor vier Monaten nicht abgefahren wurde, der Rest des Osterfeuers trotz unzähliger Nachfragen immer noch nicht entsorgt wurde, zwei weitere Linden auf dem Friedhof ohne Anhörung des Ortschaftsrates gefällt wurden, die Kommune die Regenwasserflut von der kaputten Straße ins Grundstück der Familie S. seit über einem Jahr nicht durch Bordsteine unterbindet und unser Antrag auf Neuerrichtung einer Feuerwehr-Fahrzeughalle seit mittlerweile sieben Jahren nicht bearbeitet werden konnte, wollen wir alle einmal gemeinsam nach vorn schauen. Eine Anbindung der Bushaltestelle in der Rosa-Luxemburg-Straße an den Linienverkehr wäre dabei zielführend. Dort fährt nämlich seit Jahren nur ein Schulbus. Wer in die Stadt möchte, muss 6:40 Uhr oder 15:50 Uhr reisen und sich abends von Nachbarn mit dem Auto abholen lassen. Aufgrund zahlreicher Hinweise fragt der Ortsbürgermeister daher den Amtsleiter, ob im Rahmen der Fahrplanänderung möglicherweise Wünsche und Anregungen von Bürgerinnen und Bürgern aufgegriffen werden könnten und dann mit einer Rückmeldung zu rechnen wäre. Der Amtsleiter legt zunächst Wert auf die Tatsache, dass dies nicht Sache der Stadt, sondern des Landkreises ist, und überrascht mit der Mitteilung, dass es, bevor der Nahverkehrsplan durch den Kreistag als verbindlich beschlossen wird, der Zusammenarbeit verschiedener Akteure bedarf, nämlich Vertreterinnen und Vertretern aus den Städten und Gemeinden, der Gleichstellungsbeauftragten und dem Kreisseniorenrat. Hierbei möchten wir einmal unterstellen, dass relevante Probleme während der vorherigen Fahrplanperiode thematisiert wurden. Selbstverständlich finden nicht alle individuellen Bürgeranliegen automatisch Berücksichtigung. Anfragen von Bürgerinnen und Bürgern, die auf den verschiedensten Wegen an das Verkehrsunternehmen oder den Landkreis herangetragen werden, werden stets gründlich geprüft. Lediglich solche Anliegen, die weder mit dem Nahverkehrsplan des Kreises vereinbar sind noch einen zusätzlichen Aufwand rechtfertigen, können nicht umgesetzt werden. Dies ist allerdings bei der Anbindung der Rosa-Luxemburg-Straße an die Buslinie 115 definitiv der Fall, denn hierbei würde den Vorgaben des Nahverkehrsplanes im Hinblick auf die Optimierung des Verkehrs widersprochen werden. Die Ortschaftsrätin meint, die Beziehungen mit wechselnden Schwerpunkten in unserer Kommune sind toxisch. Der Ortsbürgermeister stellt fest, dass es zwar noch immer Spaß macht, aber wir jetzt trotzdem alle keine Lust mehr auf eine Debatte mit dem Amtsleiter haben. Aufgrund der fortgeschrittenen Stunde kann die Tagesordnung heute nicht abgearbeitet werden. Laut Geschäftsordnung wird er die Sitzung um 22:00 Uhr schließen und die gefühlt einhundert offenen Punkte auf die nächste Zusammenkunft mit dem Amtsleiter verschieben. Die Ortschaftsrätin meint, statistisch betrachtet findet dieses Treffen dann in fünf Jahren statt. (O-Ton Amtsleiter: „Hätten Sie mal 17:00 Uhr angefangen!“)

In dieser Sekunde tritt der ältere Sohn des Ortsbürgermeisters ein und teilt mit, der kleine Bruder kann nicht einschlafen. Daher sind sie beide zum Gemeindehaus gekommen, der Kleine im Schlafanzug. Die Ortschaftsrätin besorgt eilig ein Glas Wasser. An den väterlichen Appell, die Schokoriegel aus der Kapuze zu nehmen, knüpft sich die scherzhafte Frage des Vorsitzenden des Gemeindekirchenrates, wie es sein kann, dass die Fastenzeit von den Kindern der ersten und zweiten Klasse eingehalten wird, nicht aber von den Drittklässlern. Ehrliche Antwort: „Man deckt sich gegenseitig. Auch isst die Lehrerin im Lehrerzimmer selbst ihren Pudding, was man sehen kann." Dann fallen die Äuglein zu. Beim Hinausgehen fragt Frau K., ob sie sich am Grünschnittplatz einen Handwagen mit Erde wegholen darf. Der Ortsbürgermeister winkt müde zustimmend, woraufhin die Ortschaftsrätin ihm zuflüstert, er soll mal nicht so arrogant sein.

Auf dem Nachhauseweg fragt der Ortsbürgermeister mit dem Jüngsten auf dem Arm den Ältesten, der bei seinem heutigen „Zukunftstag" – girls and boys day – in eine Unternehmensberatung hineinschnuppern durfte, was am besten war. Überraschende Antwort: „Die Philosophin. Aber sie hat mir ihre Nummer nicht gegeben."

Russland

Ein Blick in den Spiegel offenbart den Sanierungsbedarf. Aufgestellt wurde er aus Sicherheitsgründen am Hirtenweg, weil nicht jeder ihn sogleich als Straße erkennt. Die Fahrbahn wirkt wie gepresste Asche, holprig, Loch an Loch, nach jedem Gewitter überall Pfützen und Schlamm. Vor zehn Jahren, als die Einheitsgemeinde als neue Stadt gegründet wurde, ließ das Dorf als letzte eigenständige Handlung die Sanierung der Sackgasse im Gebietsänderungsvertrag verankern. Seitdem hat sich das Bauamt der neuen Kommune immer wieder bemüht, Mittel aufzutreiben.

„Und jetzt, endlich, haben wir eine Chance!", frohlockt der Amtsleiter. „Wenn sich nicht gewisse Personen dem Fortschritt verweigern. Baldmöglichst wird aber auch am Ort des Geschehens die Einsicht greifen, dass es sich bei der Sanierung des Hirtenwegs nicht um einen Ausbau handelt, sondern um eine Erschließung."

Der Ortsbürgermeister legt dar, dass ein Studium der Linguistik zwar zwecklos ist, aber es dennoch hin und wieder lohnenswert sein kann, über die Wortwahl nachzudenken: Eine „Erschließung" des Hirtenwegs bezahlen die Anlieger. Einen „Ausbau" bezahlen sie nicht. Straßenausbaubeiträge wurden vor drei Jahren durch das Land abgeschafft. Der Ausgleich für die weggefallenen Gelder wird jedoch nicht nach Bedarf an die Kommune ausgezahlt, sondern nach Einwohnern aufgeschlüsselt. Für unsere dünn besiedelte neue Stadt sind das jährlich 85.000 Euro. Der Leiter des Bauamts erklärt feierlich, mit dieser Summe ist es unmöglich, auch nur eine kleine Straße wie den Hirtenweg zu sanieren, und er kann es leider auch nicht ändern. Wäre es ein Ausbau, müssten die Anlieger zwar nichts bezahlen, aber dann könnten wir auch nicht bauen. Insofern können wir uns eigentlich alle darüber freuen, dass es sich um eine Erschließung handelt. Die Anlieger des Hirtenwegs sollten sich ganz langsam mit dem Gedanken anfreunden, 90 Prozent der hierfür anfallenden Kosten selbst zu tragen. Wie genau unsere Erschließung ablaufen wird, kann man übrigens gern im Bauausschuss am Dienstag 17:00 Uhr erfahren.

„Ja, die möglichen Beiträge wären hier und da etwas hoch – gar keine Frage."

Laut vorläufiger Berechnung haben 31 Anlieger des Hirtenwegs insgesamt 312.603,67 Euro als Erschließungskosten aufzubringen, im Schnitt also jeweils etwa 10.000 Euro. Die exakte Berechnung richtet sich nach der jeweiligen Grundstücksgröße. Zehn Anlieger sollten sich auf einen fünfstelligen Betrag vorbereiten. Sechs davon zahlen zwischen 10.000 bis 20.000 Euro, ein Anlieger 24.000 Euro, zwei sind mit Kosten von ungefähr 35.000 Euro veranschlagt und ein Anlieger – die Familie Zapotetzky – mit fast 42.000 Euro. Peter E. erinnert sich, dass wir als einst selbständiges Dorf stets darauf geachtet haben, dass alle Einwohner für die Straßen des Ortes zahlen und nicht nur die überraschten Anlieger. Alles andere wäre ungerecht, denn die ersten Straßensanierungen im Dorf nach der deutschen Einheit waren fast kostenlos.

Der Ortsbürgermeister erwähnt, dass einige der im Hirtenweg Betroffenen wegziehen möchten. „Dabei handelt es sich bei der geplanten Sanierung des Hirtenwegs sehr wohl um einen Ausbau. Laut Baugesetzbuch wäre es nämlich nur dann eine Erschließung, wenn erstmalig Elektrizität, Wasser, Gas- und Abwasseranlagen gebaut werden müssten. Bekanntermaßen leben aber seit sieben Jahrzehnten Menschen im Hirtenweg, und zwar, wie sie glaubhaft versichern, mit elektrischem Strom und fließend Wasser."

Der Bauamtsleiter antwortet: „Das ist erst mal die Meinung eines Ortsbürgermeisters", verweist jetzt seinerseits auf das Baugesetzbuch, wobei er mit einem kleinen Lichtblick beginnt („Der Erschließungsbegriff ist sehr dehnbar."), um das erste Strahlen im Raum dann sofort wieder abzudimmen: „Wenn alle Anlagen vorhanden wären, die erforderlich sind, um eine Straße zu bedienen, könnte man sich gern unterhalten – dies ist hier nicht der Fall. Das vorliegende Baugrundgutachten lässt nur die Schlussfolgerung zu, dass es sich bei der Sanierung des Hirtenwegs eindeutig um eine Erschließung handelt."

Voraussichtliche Kosten sollten natürlich bald im Rahmen einer demokratisch einberufenen Bürgerversammlung transparent gemacht werden. Die Ortschaftsrätin fleht den Bauamtsleiter an: „Warum wird nicht wenigstens versucht, dem Land die Variante des Ausbaus vorzuschlagen?"

Unter den Anliegern des Hirtenwegs herrscht Einigkeit darüber, ihre Straße unter diesen Bedingungen auch in den nächsten zweihundert Jahren nicht sanieren zu lassen. Frau Zapotetzky bedauert schluchzend, dass es hier keine direkte Demokratie gibt. Die Sozialpädagogin, die nicht im Hirtenweg wohnt, nimmt sie jetzt in den Arm: „Wir alle sind zwar dagegen. Aber wie wird der Stadtrat entscheiden?" Peter E. meint, dass es so schlimm nicht kommen kann, denn die Mitglieder des Stadtrates haben geschworen, ihre Kraft dem Volk zu widmen und Gerechtigkeit gegenüber jedermann zu üben.

Auf der schnellstmöglich anberaumten Bürgerversammlung im Hirtenweg erklärt der Leiter des Ingenieurbüros aus der Landeshauptstadt, dass das Ergebnis der Entwurfsplanung im Bauausschuss detailliert in einer Präsentation vorgestellt wurde und ein grundhafter Ausbau der Fahrbahnfläche unserer Sackgasse dringend erforderlich ist. Nach dem Rückbau der aus einem mineralischen Aufbau bestehenden Fahrbahn erfolgt die Herstellung von Zuwegungen,

Zufahrten und Parkflächen sowie eine Anpassung der Grünflächen. Nachdem von der Ortschaftsrätin noch einmal die rhetorische Frage gestellt wird, wer das alles bezahlen soll, äußert sich der Leiter des Ingenieurbüros aus der Landeshauptstadt mit dem unvergessenen Satz: „Die Straße, in der Sie wohnen, sieht aus wie in Russland", und fragt nach drei langen Sekunden des Schweigens: „Möchten Sie ernsthaft, dass das so bleibt?"

Zwei schlaflose Monate später enthält der Beschlussentwurf im Stadtrat für mehrere Anwohner des Hirtenwegs mindestens eine 10.000-Euro-Frage und für die Familie Zapotetzky sogar eine 42.000 Euro-Hauptgewinn-Frage. Es ist Nachmittag 17:00 Uhr und etwas schwül. Dennoch ist der Raum voll. Einige Gäste müssen vor der Tür Platz nehmen. Der Pfarrer hat im Lokalblatt einen langen Hilferuf formuliert und der Ortsbürgermeister dem Stadtrat eine Petition der Anlieger des Hirtenwegs übergeben. Im Namen des ganzen Dorfes wurde ein Protestbrief verfasst, der von 130 Einwohnern unterzeichnet wurde. Im Vorfeld sind alle Mitglieder des Stadtrates angeschrieben oder angerufen und bekniet worden, es nicht zu tun.

Die Stimmung pendelt zwischen Beerdigung und Samstag-Abend-Show. Alle lauschen angespannt, als der Vorsitzende des Stadtrates vor der Abstimmung noch einmal den Entwurf verliest:

„Der Stadtrat beschließt, die Errichtung einer Fahrbahn und deren erforderliche Nebenanlagen im Hirtenweg weiterzuverfolgen.

Erläuterung/Begründung
Der Stadtrat hat mit Aufstellung des Haushaltsplanes Mittel für die Planung des Ausbaus des Hirtenweges eingestellt. Der langfristige Finanzplan sah eine Umsetzung der Arbeiten im laufenden Jahr vor. Die Kosten wurden in Höhe von 350.000,- € eingeplant. Es sollen folgen-

de Bauleistungen umgesetzt werden: Errichtung einer Fahrbahn, Bau von Stellflächen, einer Wendefläche für Müllfahrzeuge, eines Müllstellplatzes, Zufahrten und Wege zu den Anliegergrundstücken (gehen zu 100% zu Lasten der Grundstückseigentümer), ein Regenwasserkanal, eine Rigole und Grünflächen. Der Investitionsplan 2022 wurde für die Maßnahme mit dem Hinweis an die Stadträte versehen, dass es sich um eine Erschließung nach dem Baugesetzbuch handelt …"

Die Schlusssätze verschwimmen. Herr Zapotetzky zittert. Man vernimmt ein letztes schweres Durchatmen vor der Abstimmung, dann knallt das Ergebnis in die Runde: Ja-Stimmen: keine, Nein-Stimmen: 16, Enthaltungen: keine. Damit ist der Beschlussentwurf vom Tisch. Glückliche Gesichter bei den Anliegern, deren Straße nicht ausgebaut wird, Freudentränen bei Frau Zapotetzky. Der Pfarrer denkt, selig sind, die da Leid tragen, denn sie sollen getröstet werden. Die Ortschaftsrätin fragt den Amtsleiter, was eigentlich passiert wäre, wenn wir den Unterschied zwischen „Erschließung" und „Ausbau" nicht rechtzeitig erkannt hätten. Beim Verlassen des Raumes flüstert Frau Zapotetzky dem Chef des Ingenieurbüros aus der Landeshauptstadt ins Ohr: „Gut möglich, dass wir uns manchmal nach euren Straßen sehnen. In Wahrheit sehnt ihr euch aber jeden Abend nach dem, was wir haben, und das kann man nicht kaufen. In Wahrheit sind wir euer Russland."

Seither wohnen in unserem neuen Ortsteil „Eingeschränkter Winterdienst" zufriedene Menschen in einer schlammigen Sackgasse.

Ende!

Bei der letzten Ortschaftsrats-Sitzung in diesem Jahr herrscht trotz des von Peter E. bunt geschmückten Weihnachtsbaums eine traurige Stimmung: Peter E. geht in Rente. Dass die Stelle unseres langjährigen Gemeindearbeiters ab Januar aus Kostengründen nicht neu besetzt werden kann, war allen klar, aber jetzt, wo der Zeitpunkt gekommen ist, spürt man, wie sehr er fehlen wird. Wer wird der 95-Jährigen Hannelore S. im Januar mit dem Kettenfahrzeug des Bauhofes illegal helfen, wenn wieder so viel Schnee fällt?

Der Ortsbürgermeister überreicht Peter E. mit warmen Worten eine Flasche original armenischen Wein aus dem Partnerdorf mit herzlichen Grüßen auch an seine Frau. Der für 46 Jahre Arbeit Geehrte ist erkennbar gerührt und wie zu erwarten trotz seines dienstlichen Ausscheidens weiterhin gern bereit, aktiv dabei zu sein: Natürlich wird er der 95-Jährigen Hannelore S. mit seinem umgebauten Rasentraktor helfen, wenn sie einschneit. Der Ortsbürgermeister erläutert, dass die Fläche unserer neu gebildeten Einheitsgemeinde beziehungsweise Stadt ungefähr so groß wie die Landeshauptstadt ist, aber wir haben hier mit allen sechs Ortsteilen insgesamt nicht einmal mehr 8.000 Einwohner. Weil die Zahl der Mitarbeiter unseres Bauhofes nicht nach der Fläche, sondern nach der Einwohnerzahl festgelegt wird, müssen wir Stellen streichen, obwohl die Arbeit bereits jetzt im Grunde nicht zu schaffen ist. Der Rest des Osterfeuers wurde seit mittlerweile acht Monaten nicht weggeräumt, obwohl er von Bauunternehmer Hagen B. unentgeltlich zusammengeschoben wurde. Die Mitarbeiterin der Verwaltung sagt, es ist zu viel Erde dabei, und wir haben nur einen Container – Hagen B. soll nächstes Mal vorsichtiger schieben.

Die zentrale Weihnachtsbotschaft der Verwaltung lautet, dass sie heute letztmalig persönlich Protokoll führt, denn zukünftig gibt es ein Diktiergerät. Jeder Wortbeitrag unserer Sitzungen wird dann aufgezeichnet und das Rohmaterial im Nachgang oben im „Haus der Begegnung" des Hauptortes in behutsamer Auswahl abgetippt. Der Weg über die unsichere Fähre ins Dorf, noch dazu mit Zeitausgleich für Sitzungen ab 18.00 Uhr, ist zu weit und für unsere neu gebildete Einheitsgemeinde viel zu teuer. Wenn keine Themen der Verwaltung auf der Tagesordnung sind, hätte der Sitzungsdienst eigentlich auch bisher nicht teilnehmen müssen. „Sonst ergeben sich nur Protokolle von Klamauk und Traditions- und Heimatpflege." Der Ortsbürgermeister antwortet. Seit Menschengedenken gibt es in diesem Dorf zwei Sprüche, gegen die man nichts sagen kann:

1. „Dein Problem."
2. „Ich hab es gleich gesagt."

Der Pfarrer ergänzt, seit den Kreuzzügen kennen wir noch „Gott will es!" und seit kurzem „Modern denken". Siegward G. schaut den Pfarrer an und sagt spaßig: „Dein Problem."

Übrigens plant die Landesregierung laut Sitzungsdienst gerade eine Abänderung des Kommunalverfassungsgesetzes, wonach Orte mit weniger als 300 Einwohnern keinen Ortschaftsrat mehr haben dürfen. Peter E. denkt laut, jetzt haben wir so lange gemeinsam gelacht und gemeinsam geweint, gemeinsam geht es auch zu Ende. Der Pfarrer sagt, in der Bibel heißt es: Der Herr hat gegeben, der Herr hat genommen, der Name des Herrn sei gepriesen, aber er kann es nicht glauben.

Die Sozialpädagogin fragt, woher das Innenministerium überhaupt wissen sollte, wie es uns hier geht, und der Ortsbürgermeister müsste das alles einmal aufschreiben. Der Ortsbürgermeister sagt, das fehlt noch. Landwirt Holger G. meint, man kann es dem Innenministerium nicht zumuten und sollte es höchstens unter Pseudonym machen, sonst werden die Verantwortlichen gekreuzigt, zuerst im Dorf und dann im Innenministerium. Der Pfarrer ergänzt: Am Anfang vom Ende steht zwar bei Markus „Mein Gott, warum hast Du mich verlassen?", hingegen findet man am Ende des Endes bei Johannes den Satz „Es ist vollbracht." Im Übrigen sollte der Ortsbürgermeister für unser Buch unbedingt einen Förderantrag beim Land stellen und mindestens zwei Drittel aus den Nachbardörfern aufnehmen oder aus anderen entfernten Gegenden hinzudichten, dann ist es im Zweifel künstlerische Freiheit. Jagdpächter Siegward G. meint, wer richtig sucht, wird uns nach einer solchen Veröffentlichung finden, aber er möchte es nicht empfehlen. Seine Sozialpädagogin beruhigt, dies wäre nicht sinnhaft, denn im Grunde sind wir überall und nirgends.

Unter dem Tagesordnungspunkt „Bericht des Ortsbürgermeisters" gibt es in diesem Jahr noch eine letzte wichtige Information: Archäologen haben während der Kanalarbeiten im Herbst am Bismarck-Denkmal unter dem Pflaster der Rosa-Luxemburg-Straße uralte Eichenpfähle entdeckt. Obwohl sie seit Jahrhunderten dort liegen, sind sie erstaunlich gut erhalten. Angesichts der elektrisierenden Befundlage wird sich die von uns erhoffte Straßensanierung noch um ein weiteres Jahr verzögern. Im Bewusstsein, dass wir hinsichtlich unseres kulturellen Erbes zur Solidarität mit dem Bundesland verpflichtet sind und sich hinter dem Vorhang noch Restbestände der Senioren-Weihnachtsfeier befinden, möchte der Ortsbürgermeister zum Jahresausklang noch eine Geschichte aus dem Aktenschrank vortragen, woraufhin die Ortschaftsrätin meint, dann ist es definitiv das Ende.

Wenn im Frühling für etwa acht Monate die Rosa-Luxemburg-Straße gesperrt werden wird und wir den Umweg über den alten Kirchweg nehmen müssen, weil das Landesamt für Denkmalpflege, Archäologie und Geschichte in unserer Vergangenheit gräbt, werden wir nicht zum ersten Mal von der Wissenschaft beeinflusst. Bereits vor über hundert Jahren suchte man haupt- und ehrenamtlich nach Erklärungen dafür, dass wir so sind, wie wir sind. Überaus verdient machte sich dabei der damalige Kantor und Lehrer August R. (gestorben 1908), dessen Schriften noch heute hier hinten in unserem Gemeindeschrank liegen. Mit Leidenschaft beteiligte er sich an Deutungen heimatlicher Bodenfunde und interpretierte sie alle als keltisch. Ganz besonders freute sich Kantor R. immer dann, wenn ihm seine Schulkinder gefundene Knochen, Scherben und Steine vom Acker zur Begutachtung überbrachten. In der Hoffnung, dass darunter auch solche mit vorzeitlichen Zeichen zu entdecken wären, gab es für die kleinen Finder viel Lob, willkommene Unterrichtsunterbrechungen in Form längerer Vorträge und Süßigkeiten. Es war daher nur konsequent, dass einige Schüler der Jahrgänge zwischen 1880 und 1890 bald noch mehr Initiative zeigten. Weil das Suchen und Schaufeln auf dem Feld immer so anstrengend war, bastelten sich die kleinen Ganoven nämlich lieber ihre eigenen „Runensteine", anstatt nach solchen zu graben, indem sie das, was auf den Äckern massenhaft als Feuerstein herumlag, in gemütlicher Heimarbeit mit Nägeln und Feilen bekratzten. Dies machten sie so lange, bis ihre Werkstücke ungefähr so aussahen wie die Darstellungen in den Lehrwerken, die ihnen Kantor R. so gern zeigte. Wenn es dann immer noch nicht alt genug wirkte, packten sie ihre Arbeitsergebnisse zum Abdunkeln noch für einige Zeit in den Mist des Heimathofes.

Sodann ‚geborgene' Funde wurden dem begeisterten Lehrer als „Entdeckungen bei der Wüstung Murtz" angepriesen, obwohl es, wenn es nicht so traurig wäre, gut und gerne auch „Murx" hätte heißen können. Weil der Erzieher sich so sehr darüber freute und wie erwartet beim Schwärmen über die Zeit der Kelten den Unterricht vergaß, haben fleißige Dorfkinderhände in den Jahren um 1900 eine wahrhaft manufakturähnliche Produktion vorgeschichtlicher „Entdeckungen" ausgelöst. Zugegeben hat dies einer der einstigen Lümmel allerdings erst vier Jahrzehnte später, als ihr alter Lehrer, der jeden einzelnen Fund sorgfältig untersucht und nach Feierabend in langen Protokollen ausführlich beschrieben hatte, längst verstorben war.

All dies hätte vielleicht eine Kummer und Bitterkeit hervorrufende kleinere Episode in der langen Geschichte unseres Dorfes bleiben können. Es ist aber doch, wie so oft, eine größere Episode geworden. Durch Veröffentlichungen von Kantor R. hatte nämlich nicht allein der Geschichtsverein des Landkreises, sondern die ganze weite Welt von den „sensationellen Entdeckungen bei der Wüstung Murtz" erfahren. In den renommierten Geschichtsblättern der damaligen Provinz hatte Kantor R. in einer langen Abhandlung mit vier Abbildungstafeln bereits 1894 über drei Steine mit „Runenalphabeten" ausführlicher berichtet. Fünf harte Forschungsjahre später hatte er seinen Kenntnisstand derartig erweitert, dass er mit Blick auf die Alltagskultur unserer Vorfahren anhand eines besonders interessanten Steins unter dem Titel „Unsere ältesten Waffen" in der anerkannten Antiquitäten-Zeitung einen viel beachteten Aufsatz veröffentlichte. Der hiesige Stein, der darin analysiert wurde, war „mit Waffendarstelllungen in einfachster Linienführung" übersät, und weil Kantor R. den Namen des von den Kindern benannten Fundortes bei der Wüstung Murtz „Dahls Berg" als altirisch deutete – „da = fest, ail = Waffen, ais = Burg, insgesamt also „feste Waffenburg" – widmete an der Universität Dub-

lin der für keltische Archäologie zuständige Professor Stewart in seinen „Studies in Irish Epigraphy" unserem Stein ein ganzes Kapitel. Die europäische Vorgeschichtswissenschaft richtete ihren Blick tatsächlich für einige Zeit auf die hiesige Gegend und konnte aufgrund der Vorarbeiten von Kantor R. nachweisen, dass Schamanen und Druiden nicht allein die Wintersonnenwende, sondern auch die richtige Zeit für Aussaat und Ernte kannten. Einen besonders scharf geschliffenen Stein identifizierte man sogar als älteste Rasierklinge der Welt. Als die Universität Bonn drei Jahre nach dem Tod von Kantor R. dessen Funde als „hervorragende Fälschungen" bezeichnete, hatte er dem Quedlinburger Museum längst 1.200 Exemplare feierlich zur dauerhaften Aufbewahrung übereignet.

Nach dem Jahreswechsel wird die Ortschaftsrätin in Quedlinburg einmal nachfragen, ob es diese Funde der Kinder unseres Dorfes noch gibt.

Frau Zapotetzky und die Sozialpädagogin möchten dann vom zuständigen Landesamt überprüfen lassen, ob nicht vielleicht doch ein Stein echt ist.

Dank

der Stiftung der ehemaligen Kreissparkasse Bernburg,

Annegret B. für die deutsche Romantik
Ariadna S. für unsere russisch-deutsche Friedensliebe
Daniela M. für Dein gutes Herz und die Erweiterung des Horizonts
Florian G. für Akkuratesse
Hajo S. für herzliche Anteilnahme
Holger A. für ruhige Übersicht
Jekatarina M. für Esprit (nachhaltig)
Jule M. für Dein Ohr + Wahnsinn
Karine A. für den armenischen Aprikosenbaum
Katarzyna L. für das Gegenteil von mir und wunderbare Kinder
Kaya K. für Frauenstärke
Roman P. für Vertrauen
Tanja K. für Dein Beispiel
Thomas L. für Motivation

und meinem lieben Dorf dafür, dass ich dort leben darf.